超级清单

时间管理
实用技巧、表格与自我训练

Sorting Your List

赵帅 著

中国法制出版社
CHINA LEGAL PUBLISHING HOUSE

前　言

2015年，我从央企辞职进入一家独角兽公司。接下来的几年里，我都没时间欣赏傍晚的夕阳，每天的时间都花费在画原型、写文档、导数据和定方案中。那时的我，疲惫而又充实。

但很快，我发现自己的时间不够用，不管我如何压榨自己的精力，都会被源源不断的工作所追逐。于是，我意识到：时间是有限的，我唯一能做的就是管理时间。

之后的几年里，即使在项目很紧张的时候，我都会严格执行时间管理计划，于是，我有了第一本畅销书，有了第N本专业证书，也有了更多的时间管理心得。

这些经历都让我更深刻地意识到：要做理论的巨人，不做实践的矮子。

如果你正在寻找高效的工作和生活模式，你可以通读这本书，选取自己觉得重要的部分进行实践。

这本书可能并不适合所有人，但其中的一些实践经历可以引发一些人的共鸣，让大家理解我是如何在短短几年内由电子商务跨行在线教育，又是如何一边抓项目，一边更好地提升自我。其中展示的“超级清单”和时间管理方法，大家在日常工作和学习中都能用得到。

我们拥有同样多的时间，在同样多的时间里，为什么有的人蹉跎于一件事，而有的人却能驾驭几十件事呢？

很简单，这就是“效率”的力量。

时间管理本身是一项后天习得的技能，也是我从事互联网管理工作以来最大的收获。我曾经戏称自己的工作是：从一个Axure RP原型到一行SQL指令，再到一个PPT文件。因为在职业生涯中，我先后经历了产品设计到运营数据，再到项目管理，从这些工作中获取的信息，让我更熟悉每一种工作需要如何管理时间。

正是因为这些不同工作的压力，我必须有条理地思考问题，高效率地开展工作，快速地处理信息，通过每次新的尝试，让这些压力变成完善工作模式的动力。

如今，我试着把这些方式方法归纳整理出来，希望帮助更多的人将这些方法运用到他们的工作和生活中，在今后的道路上认清可能遇到的挫折和失误，并把它们转化为提高效率的动力。

感谢未铭图书主编，以及孔令凯、董超、刘艳蕊、杨育、卢宝历等业内朋友在笔者撰写本书中提供的灵感和帮助，没有他们的支持，不会有这些精彩的内容。

由于时间和精力有限，本书在撰写过程中难免会存在一些不足和瑕疵，希望广大读者可以谅解并提出宝贵意见，感谢！

赵帅

目 录

第五章 效能笔记——优秀的人都是如何做笔记的

第六章 习惯养成——1 个好习惯胜过 100 个好方法

第七章 高效工作——你离称职的职场人有多远

第八章 自控训练——容易失控就等于失败

第一章

清单革命——人生从此变得简单而高效

1. 24HR时间追踪表——你的时间都用在哪里了？

如今，大部分人都明白时间管理的重要性，也会在生活和工作中有意识地提前做好各种计划。

早上7点起床；

中午1点午睡；

下午完成一个方案；

晚上打扫房间；

每天至少读1个小时的书；

晚上12点之前睡觉；

……

理想很“丰满”，但现实往往很“骨感”。实际执行起来，大部分人却是这样做的：

早上闹铃如果不响几遍，根本起不了床；

该午休的时候却拿着手机玩儿个不停；

下午疲倦不堪，毫无思路；

临下班的时候才发现方案只写了一半；

……

久而久之，你可能会觉得“计划赶不上变化”，还不如不做计划。

但是，你错了！

实际上不是计划赶不上变化，而是你不太会做计划。

如果要真正管理好自己的时间，就不要让计划只停留在想象中，拿起笔把时间记录下来，看看时间究竟是怎样被自己浪费的，才能更加清楚地认识到自己的问题。

为了解决这个问题，你需要一个制作《24HR时间管理追踪表》，通过清单管理的方式充分了解自己的时间走向。

A先生是某互联网行业运营新人，以下是他周一的《24HR时间管理追踪表》。

24HR时间管理追踪表（周一）		
时间段	具体事项	耗时
6:00—7:00	起床、洗漱、吃早餐	60分钟
7:00—8:30	上班通勤时间	90分钟
8:30—9:00	到公司后喝杯咖啡，看新闻	30分钟
9:00—9:30	公司晨会	30分钟
9:30—11:00	与合作商召开电话会议，商定下个月营销方案	90分钟

续表

24HR时间管理追踪表（周一）		
时间段	具体事项	耗时
11:00—12:00	无其他工作任务，玩手机，浏览新闻	60分钟
12:00—13:30	吃午餐，午休时间，饭后玩手机	90分钟
13:30—15:00	撰写营销方案	90分钟
15:00—15:40	与同事去茶水间讨论工作	40分钟
15:40—16:40	向部门领导汇报上周工作进展	60分钟
16:50—17:20	去楼下银行办理业务	30分钟
17:20—17:30	撰写日报	10分钟
17:30—19:00	下班通勤时间	90分钟
19:00—20:00	吃晚餐	60分钟
20:00—22:00	娱乐时间	120分钟
22:00—22:30	洗漱	30分钟
22:30—23:30	玩手机	60分钟
23:30—6:00	睡觉	390分钟
统计	工作时间（表格深色区域）	350分钟
	非工作时间（表格浅色区域，不包含夜晚睡觉的时间）	1080分钟
分析： 在忙碌的周一，实际工作时间只有350分钟，还不到6个小时，即使都属于有效工作时间，效率也并不理想。在一线城市的互联网行业，这样的效率还有很大的提升空间。		

以上这个表格，乍一看内容挺充实的，实际上效率非常低。为了提高效率，接下来我们需要设计一个《被浪费的时间表》，从而

发现哪些地方可以节省时间。

被浪费的时间表			
时间段	事件	浪费时间	潜在问题
8:30—9:00	到公司后喝杯咖啡，看新闻	30分钟	把时间浪费在与工作无关的事项上
11:00—12:00	无其他工作任务，玩手机，浏览新闻	60分钟	没工作的时候无事可做
12:00—13:30	吃午餐，午休时间，饭后玩手机	90分钟	饭后无事可做
20:00—22:00	娱乐时间	120分钟	娱乐时间过长
22:30—23:30	玩手机	60分钟	睡前无事可做
统计		360分钟	

看到这个表格后你是不是很震惊，原来A在一天中浪费了360分钟，一周5个工作日，他浪费的时间可能高达1800分钟，也就是30个小时。

也许有人会质疑，下班之后的时间本来就是用来放松的。然而，如果你是一个拥有强烈危机感，并希望自我提升的职场人士，你可以拥有更好的习惯，而不是每天将时间过多地浪费在休闲娱乐上。

【时间管理技巧】

接下来，我分享一些做计划清单的心得，以便帮助大家更好地制作时间管理表格。

（1）一个Excel表就可以搞定

到底是用纸质笔记本，还是用Excel表格来做工作计划清单，这取决于个人习惯。对于平时泡在办公室里的职场人，其实用Excel表格就可以。

第一行是这一周的日期，第一列是每天的时间段，除此之外，可以加上本周总结。

24小时时间管理表						
日期 时间	7.15	7.16	7.17	7.18	7.19	周总结
9:00—10:00						
10:00—11:00						
11:00—12:00						
12:00—13:00						
13:00—14:00						
14:00—15:00						
15:00—16:00						
16:00—17:00						
17:00—18:00						
18:00—19:00						
19:00—20:00						
20:00—21:00						
21:00—22:00						
22:00—23:00						
23:00—24:00						

起始时间我一般会选择开始上班的时间，因为从早上起床到开

始工作的时间非常紧张，没有实质性的产出，所以没有太大的记录意义。对于通勤时间比较长，或者在上班前有一些事情可以做的人来说，在正式开始工作之前，也有记录的必要。

结束的时间点一般就是晚上睡觉的时间点，所以每天记录的时间大概是15个小时，每个小时又可以分为一个或两个时间间隔。这样，计划清单的整体框架就出来了。

（2）每天睡觉前把表格填满

在睡觉前想想第二天的工作是个很好的习惯。如果把这些工作写在表格中，会方便第二天有条不紊地开展工作。

如果没有明确的事情要做，可以早点发现时间都浪费在哪里。如果有重要的事情要做，也可以提前标注出来，防止第二天因为事情繁忙而遗忘。

（3）每周总结激励自己

在每周总结里，都可以看到自己在过去一周里完成了哪些值得肯定的工作，比如上一周完成了一个重要的方案，就可以写在每周总结里，这种总结会不断给时间管理形成正向反馈，督促你更加相信时间管理清单的作用。

自我训练

你知道人们经常把时间浪费在什么地方吗？看看下面这些表现，有几条与你吻合呢？

（1）关注“八卦”消息。把精力放在有意义的事情上，不要总是沉迷于“八卦”消息。

（2）看视频。捧着手机看视频是不可能做成什么事的。

（3）玩游戏。游戏里的MVP是不可能帮助你成为现实中的MVP的。

（4）看网络小说。可以改变爱看网络小说的习惯，那些快餐文化很多都是精神毒药。

（5）拖延。拖延症不会帮你完成工作，只会使工作越积越多。

（6）微信聊天。无休止的微信聊天会让你陷入为工作苦恼的循环怪圈。

（7）参加没必要的会议。不妨放弃没必要参加的会议，那些会议只会浪费你有限的时间。

（8）煲电话粥。电话是为了方便沟通而存在的，而不是为了说废话。

（9）不断回复邮件。当5封以内的邮件无法解决问题，就去当面和对方聊一聊。

（10）上网冲浪。网络公司总有办法让你把时间都消耗在无意义的上网上。

（11）喝酒聊天。做这件事的人觉得很酷，但在自律的人看来，这可能只是在浪费时间。

好了，如果有5条以上与你的情况吻合，你就应该引起重视了。接下来的自我训练要求你根据自己的实际情况，以某个工作日为例，填写一个《24HR时间管理追踪表》。

24HR时间管理追踪表（表1）		
时间段	具体事项	耗时
统计		
分析：		

填好这个表之后仔细分析，看看哪些时间是被你浪费的，然后再填一个《被浪费的时间表》，这样你就能很好地分析出时间都被

浪费在哪里了。

被浪费的时间表（表2）			
时间段	事　件	浪费时间	潜在问题
统计			

2. 时间账簿——寻回无意间浪费的时间

意识到时间被浪费在哪里之后，接下来就要着手改进了。别着急，在着手设计表格之前，你需要先明确一个概念——时间账簿。

所谓时间账簿，实际上就是给时间记账。我们还是以A一天的时间进行划分，他的时间账簿可以分为日常生活、职业工作、个人成长、娱乐休闲等几个方面。

（1）日常生活：外出通勤、一日三餐、家庭家务、人际交往、睡眠休息等。

（2）职业工作：上班、会议、文件处理、出差等与工作相关的事项。

（3）个人成长：上课、阅读、锻炼等与个人成长相关的事项。

（4）娱乐休闲：电视、电影、KTV、游乐场等休闲事项。

（5）其他事项：包括突发性事项和浪费时间的事项。

通过这种分类，除去不同事项之间切换的时间，可以非常清楚地看到一个人是如何度过一天24个小时的，从而分析出哪里浪费了时间，哪里可以节省出更多的时间。

我们也可以将上述分类做成表格，如下所示：

时间账簿			
任务分类	任务内容	花费时间	时间占比
日常生活			
职业工作			
个人成长			
休闲娱乐			
其他事项			

为了更精准地分析时间占比，我们还可以通过制作饼状图更清晰地看到时间的流向。

一般来说，时间账簿的分析可以以周或者月为单位展开，因为每天的时间账簿可能存在一定概率的偶然性，所以不具备参考价值。而对于职场人来说，大部分日常生活和职场工作是以周为周期的，也更适合在分析之后进行相应的改进。

根据上面的时间账簿分类，持续一周后，我们可以得到这样一个时间分析图。

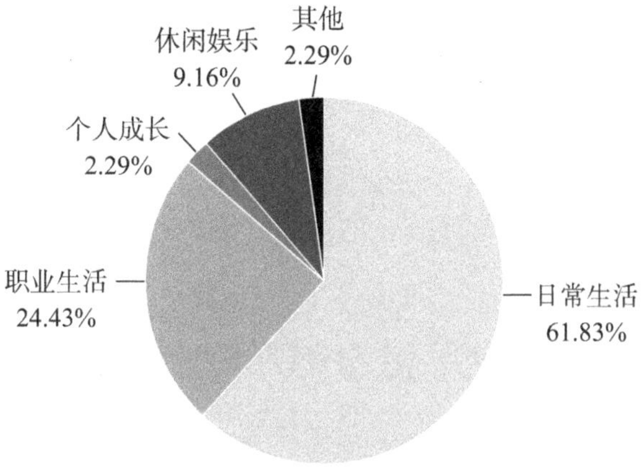

时间账簿饼状图

从这个饼状图中，我们可以看到日常生活、职业工作、个人成长、娱乐休闲分别占用了多少比例的时间，这些比例可以提醒我们把时间分给更重要的事项，从一些不那么重要的事项中抽身出来。

比如，休闲娱乐的时间比例要远远大于个人成长的时间比例，就应该考虑把看电影和玩游戏的时间转移到阅读和锻炼上。

在了解了自己的时间流向之后，时间安排就可以更有针对性了。这时候一定不要着急，即便需要花费半个小时的时间做一个时间预算列表，也是非常有必要的。你可以找出真正重要的事项，而不是总充当“救火员”的角色，为层出不穷的紧急任务而焦头烂额，真正重要的事项却一直没有时间去处理。

那么，哪些事项可以称为重要事项呢？

规划职业目标或者团队目标；

学习新的工作技能；

学习新的锻炼项目；

寻找感情上的陪伴；

……

这些都是日常生活和职场生活中重要的事情。为了这些事情，我们可以在制定时间预算时，对它们做相对的倾斜，比如可以做一个时间预算表，如下所示：

时间预算表			
序号	工作内容	重要事项	耗时
1	参加部门重要会议，制定下个季度的营收预算	规划职业目标或者团队目标	90 分钟
2	与部门同事同步会议结论，并制定相应策略	规划职业目标或者团队目标	90 分钟
3	与好朋友外出午餐	寻求情感上的陪伴	120 分钟
4	审阅部门下个月的营销方案并进行相关讨论	规划职业目标或者团队目标	40 分钟
5	向领导汇报下一步工作安排以及上一阶段复盘	规划职业目标或者团队目标	60 分钟
6	下班去健身房锻炼	学习新的锻炼项目	120 分钟
7	阅读与工作效率相关的书籍并做读书笔记	学习新的工作技能	90 分钟

上面列出的所有事项都是比较重要的，值得你为它们分配更多

的时间。

【时间管理技巧】

在记录时间账簿时，有几个需要注意的地方：

持续：时间账簿需要持之以恒才能取得效果。“三天打鱼，两天晒网”只能浪费时间，对于时间管理没有一点帮助。

客观：时间账簿是为了节约时间而存在的，而不是为了假装努力，进行自我安慰。如果对时间做了“假账”，那么时间一定会对你做出惩罚。

回顾：每隔一段时间，回顾自己在过去一段时间内的账本变化和时间分配变化，看看自己有没有进步，是不是按照自己的意愿进行了改进，这对于以后的时间管理大有裨益。

了解了时间账簿的概念之后，我们再回到《被浪费的时间表》。在第一节中我们已经分析出A的时间浪费在哪里，所以接下来只要加上一栏“改进方法”就可以了，如下所示：

被浪费的时间表				
时间段	事件	浪费时间	潜在问题	改进方法
8:30—9:00	到公司后喝杯咖啡，看新闻	30分钟	时间浪费在与工作无关的事项上	可以一边喝咖啡一边制订当日工作计划，厘清一天的工作思路

续表

被浪费的时间表				
时间段	事件	浪费时间	潜在问题	改进方法
11:00—12:00	无其他工作任务，玩手机，浏览新闻	60分钟	没工作的时候无事可做	空闲的时候可以做很多事情，例如对于运营这个岗位来说，可以进行社群运营，与群友积极互动
12:00—13:30	吃午餐，午休时间，饭后玩手机	90分钟	饭后无事可做	饭后的时间可以散步，然后小憩一会儿，20分钟的休息就会让你重新焕发活力，否则整个下午都可能很疲惫，打不起精神
20:00—22:00	娱乐时间	120分钟	娱乐时间过长	缩短娱乐时间，将一部分时间用来学习和自我提升
22:30—23:30	玩手机	60分钟	睡前无事可做	睡前玩手机不利于休息，可以选择读书或者听音乐，有助于快速进入睡眠状态

根据上述思路加以整理，我们可以帮A整理出一个更加高效的时间管理表，如下所示：

高效时间管理表（周一）		
时间段	具体事项	耗时
6:00—7:00	起床、洗漱、吃早餐	60分钟
7:00—8:30	上班通勤时间	90分钟

续表

高效时间管理表（周一）		
时间段	具体事项	耗时
8:30—9:00	制订当日工作计划	30分钟
9:00—9:30	公司晨会	30分钟
9:30—11:00	与合作商召开电话会议，商定下个月营销方案	90分钟
11:00—12:00	空闲的时候进行社群运营，与群友积极互动	60分钟
12:00—13:30	吃午餐，饭后散步以及小憩，迅速恢复精力	90分钟
13:30—15:00	撰写营销方案	90分钟
15:00—15:40	与同事去茶水间讨论工作	40分钟
15:40—16:40	向部门领导汇报上周工作进展	60分钟
16:50—17:20	去楼下银行办理业务	30分钟
17:20—17:30	撰写日报	10分钟
17:30—19:00	下班通勤时间	90分钟
19:00—20:00	吃晚餐	60分钟
20:00—21:00	娱乐时间	60分钟
21:00—22:00	省出1个小时用来学习运营技巧	60分钟
22:00—22:30	洗漱	30分钟
22:30—23:30	阅读、听音乐	60分钟
23:30—6:00	睡觉	390分钟
分析： 工作、学习的时间变为560分钟，比之前增加了210分钟。实际上，随着时间管理习惯的养成，我们可以进一步精细化表格，例如通勤时间也可以用来学习。		

自我训练

很多人在刚接触工作计划清单的时候，会陷入“不知所措”的疑惑——不知道明天要做什么。

这里教给大家一个小窍门，你可以想象自己处于上司的位置，那么你现在需要做的就是为下属列出一个他们需要执行的工作清单。

你觉得接下来的工作应该如何开展，就依据自己的理解，通过这个清单向下属提出建议。如果写完这个时间管理的表格，执行的任务就会转移到你的下属和同事身上。

目前，你的任务就是站在上司的角度，帮助下属计划接下来的工作。

等到写完这个表格，你可以再全面地审视这个表格，有哪些是完成不了的，有哪些是优先级比较高的，再删除一些下属完成不了的工作。

这时候，你就可以回到自己真正的角色中了。你会发现这个表格里的大部分工作都是自己应该做的和必须做的，而且已经删除自己承担不了的部分。接下来，你就可以按照上面的时间安排和工作内容开始工作运转了。

好了，试着想想你的上司想让你在接下来的一周做哪些工作，并把它们填写在下面的空白工作清单里。

一周工作清单（表3）						
日期 时间	周一	周二	周三	周四	周五	周总结
9:00—10:00						
10:00—11:00						
11:00—12:00						
12:00—13:00						
13:00—14:00						
14:00—15:00						
15:00—16:00						
16:00—17:00						
17:00—18:00						
18:00—19:00						
19:00—20:00						
20:00—21:00						
21:00—22:00						
22:00—23:00						
23:00—24:00						

工作计划清单的罗列是一个持续且略有些枯燥的过程，但如果每天坚持，做的事情越来越多，清单的作用越来越重要，你也就越来越能管控自己的时间，而不会让它在不知不觉中被浪费了。

3.待办事项清单——让To do list持续进阶

每天上班后，我们可能会面对诸多待办事项，最简单的方法就是先将它们记录下来，这是一个不错的开始，可以帮助我们更视觉化地梳理每天需要做的事情。事实上，很多人非常擅长罗列这些待办事项。罗列事项清单的过程是能获得成就感的，但是你真正完成清单了吗？恐怕大部分人写完待办事项清单之后，就只是让它成了一个清单。

想看看有哪些事情要做，但这时候一个微信消息提醒出现，你就关注朋友去网红餐厅打卡的照片了；

想打开邮件处理下一个待办事项，却不自觉地被下个月团建的邮件所吸引；

觉得自己已经完成了所有的待办事项，但仔细回顾，发现完成的都是边边角角的工作；

周末下班前检查自己的待办事项清单，发现一大半任务都停滞不前。

如果是这样的清单，那么宁可不要。待办事项清单的本意是在无序的生活中重建秩序，但很多人连一个像样的清单都无法列出来。

一个失败的清单无法区分所有待办事项的轻重缓急及其所需的时间，有的事情只需要几分钟就可以搞定，有的事情却需要几个小时才能理出头绪，有的事情需要马上交给老板，有的事情却要慢工出细活……如果把这些事情混杂在一起，这样的清单宁可不要。

【时间管理技巧1】

那么，一个成功的待办事项清单是什么样的呢？它至少应该包括以下几个要素：

（1）待办事项的准确定义；

（2）待办事项的相关事项，包括前置事项和后置事项；

（3）待办事项的计划时间；

（4）待办事项的完成顺序。

为了完成这些事情，我们要明确的事情又包括哪些呢？

（1）具体做的动作；

（2）事情的优先级；

（3）事情的排序；

（4）事情完成的时间点和预计完成的时间。

接下来我们来看一个简单的场景，我们每天上班的时候几乎都会遇到这样的待办事项清单（To do list）。

To do list（Beta版）
1. 发周报
2. 修改方案
3. 跟法务开会
4. 跟合作商开会
5. 给爸妈买空调
6. 制订旅行计划

但实际上，这个清单写得比较含糊，只是简单地罗列了一些没有关联的事项。所以我们可以进行细化，上面的列表就会变成下面这样。

To do list（基础版）
1. 周报工作：收集小组成员工作进展（10分钟）
2. 周报工作：制作工作进展甘特图（10分钟）
3. 周报工作：将周报发给领导审阅（10分钟）
4. 会议相关：准备法务会议所需要的合同（5分钟）
5. 会议相关：召集会议参会人员（5分钟）
6. 会议相关：确定会议议程及地点并同步给相关方（10分钟）
7. 会议相关：准备合作商会议所需要的PPT（5分钟）
8. 会议相关：召集会议参会人员（5分钟）
9. 会议相关：确定会议议程及地点并同步给相关方（10分钟）
10. 在电商网站上筛选空调（15分钟）
11. 查看旅游网站并制订计划（20分钟）

从上面的第6项内容到第11项内容，我们做了哪些工作呢?

（1）把相关的工作进行归类，比如法务会议和合作商会议都属于会议相关的内容；

（2）把工作细分，比如周报工作其实包括几个不同的工作事项；

（3）给每个事项制定预计时间。

进行到这一步，一个待办事项清单的雏形就出来了。但这还不是最终版，因为现在只有事项完成所需的时间，还没有预计完成的时间点，再加上预计完成的时间点后，就可以得到一个相对完整的清单了。

To do list（完整版）
1. 周报工作：收集小组成员工作进展（10分钟）9:20—9:30
2. 周报工作：制作工作进展甘特图（10分钟）9:30—9:40
3. 周报工作：将周报发给领导审阅（10分钟）9:40—9:45
预计30分钟完成，实际25分钟完成
4. 会议相关：准备法务会议所需要的合同（5分钟）9:45—9:50
5. 会议相关：召集会议参会人员（5分钟）9:50—9:53
6. 会议相关：确定会议议程及地点并同步给相关方（10分钟）9:53—9:55
预计20分钟完成，实际10分钟完成
7. 会议相关：准备合作商会议所需要的PPT（5分钟）9:55—10:00
8. 会议相关：召集会议参会人员（5分钟）10:00—10:05
9. 会议相关：确定会议议程及地点并同步给相关方（10分钟）10:05—10:20
预计20分钟完成，实际25分钟完成
10. 在电商网站上筛选空调（15分钟）10:20—10:40
预计15分钟完成，实际20分钟完成
11. 查看旅游网站并制订计划（20分钟）10:40—11:20
预计20分钟完成，实际40分钟完成

上面的清单中，最终花费的时间可能与预计有所出入，这不是什么大的问题。如果比预计时间短，在之后的时间预算中可以做相应的调整。如果比预计时间长，则可以看看在处理具体事项时，是否可以进行相应的改进。

【时间管理技巧2】

最后一个问题，上面的清单有没有可以改进的地方呢？

答案是肯定的，因为上面的待办事项清单只是完全理想情况下的清单，在实际操作中，大家还可以试着从以下两点做出改变：

（1）设置事项的优先级程度

法务和合作商的会议是否有优先级的取舍，这关系到待办事项的先后顺序。

（2）留出休息时间

没有人是不知疲倦的机器人，在每个独立待办事项之间留出一定的休息时间，一般以5分钟到10分钟为宜。

自我训练

按照上述的方法，我们先明确自己需要完成的工作，把工作内容按照难易程度重新安排，然后将所列条目进行排序，把你认为最难的工作列在前面，把你认为最有把握的工作列在最后。

在实际工作时，先完成最难的任务，最后完成最容易的任务。通过这种待办事项清单，你会发现，只要按照待办事项清单的节奏，原本以为很困难的任务其实没有那么困难。掌握了时间，克服了对工作的畏难情绪，工作效率也就提高了。

大家试着填写下面的表格，完成一个待办事项清单吧！

待办事项清单（表4）		
序号	内容	预计完成时间
1		
2		
3		
4		
5		
6		
7		
8		

4.每日打卡法——收获的不仅是打卡表

前面3节内容向大家介绍了一些时间管理的方法和技巧，但这仅仅是时间管理的入门。作为一门需要持之以恒的“修行”，不管是在方法技巧，还是在自我训练方面，都要求大家沉下心来，日复一日地磨炼自己管理时间的能力。

这一次，我们要向大家介绍的是最简单的每日打卡法。

对于一些希望改变自己低效时间管理能力，培养良好生活习惯的人来说，打卡是一种非常有用的时间管理方法，打卡是一种基于“特定任务”的打卡。当你决定开始做一件事，就打一次卡，完成之后，再打一次卡，用正面暗示的方式进行自我约束，倒逼自己把每一件事情做好。

当一天结束的时候，看着一天打的几十个卡，既方便整理当天的已办事项，也有助于提高自己完成任务的信心。

大家来看看下面这个打卡表。

基础版打卡表	
事项	**是否实现**
早起	√
学习：读书、听书	
健康：按时三餐	√
锻炼：跑步、散步	√
静坐	
家务	√
养生：泡脚	
早睡	√

这个打卡表上列出了希望在一天之内完成的所有任务，比如今天达到了早起的目标，就在后面对应的位置打一个“√”，如果没有完成就空着，不要打“×”。

之所以不打“×”是为了给自己积极的心理暗示，在一天之内的打卡任务中，我们没必要过度纠结于没有完成的任务，而要关注我们坚持完成了哪些任务。

如果希望在打卡的过程中体现出“开始”和“完成”的区别，也可以在上面表格的基础上进一步完善，如下所示：

进阶版打卡表		
事项	**是否开始**	**是否完成**
事项A	√	
事项B	√	√
事项C	√	
事项D	√	√

续表

进阶版打卡表		
事项	是否开始	是否完成
事项E		
事项F	√	
事项G		
事项H	√	√

通过不断积累“√”，可以直观地看到一天之内工作的进度，也可以检查有哪些工作开始了，但是还没有很好地完成。

【时间管理技巧】

随着移动互联网的不断发展，市场上出现了很多记录打卡的软件App，大家也可以从中选择喜欢的App进行打卡。

以“小日常”这款App为例，这是专门用于记录打卡的软件，没有其他花哨的功能，只有打卡和记录的界面。

（1）你可以根据自己的习惯创建打卡计划，每天完成后只需轻轻一点，就可以记录下当天是否完成了既定目标。

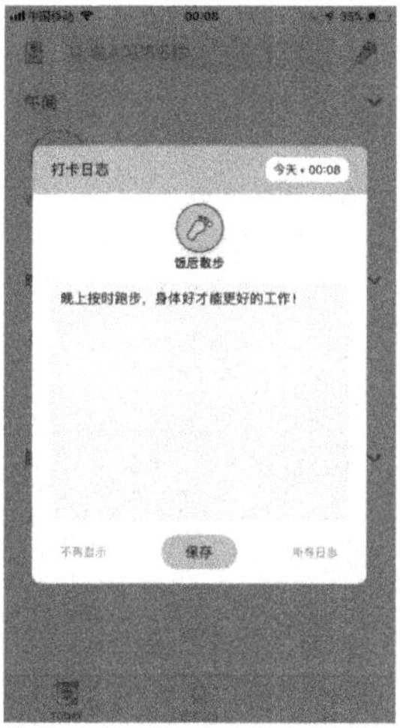

（2）对于已经完成的目标，也可以写下自己打卡时的感想。

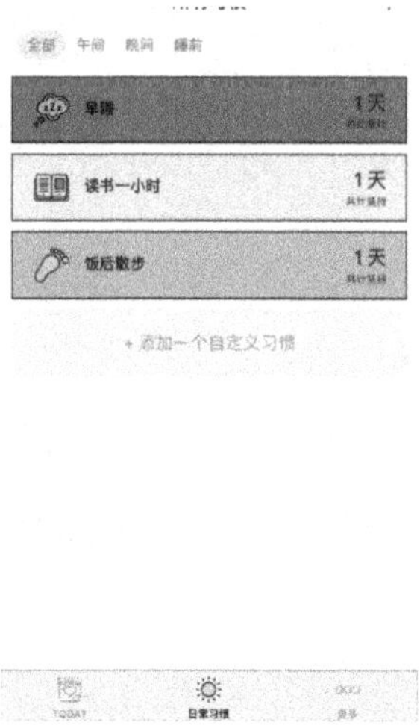

（3）“小日常”还支持打卡计划的修改，可以根据早中晚和睡前等不同的时间阶段来设置打卡目标。

（4）在完成所有打卡目标之后，还可以生成成就卡片，用于自我激励或者分享给朋友。

总而言之，打卡这种时间管理方式主要是靠完成一个个小目标来增强自己的信心和成就感。不断打卡的过程也是时间管理能力不断提高的过程。

自我训练

打卡的列表非常简单，可以手写，也可以用Excel表格来完成，甚至可以做成手账的形式。通过日复一日的打卡养成定期制订计划和检视复盘的习惯，定期输出制订当天（周）的工作计划和完成情况，并对前一天（周）工作、学习、生活等方面的打卡情况进行检视，及时发现问题并调整改善，久而久之，就能提高自己的时间管理能力。

接下来，在这个打卡记录表里记下你下一周的打卡吧。

每周打卡表（表5）

	周一	周二	周三	周四	周五	周六	周日
早起							
学习							
健康							
锻炼							
静坐							
家务							
养生							
早睡							

5. 九宫格时间法——让每一天变得井井有条

如果上一节的打卡方法过于简单，很多人还想在一个表格里记录更多的内容，应该怎么做？

其实我们每个人小时候大多做过类似的事情——写日记，记下每天发生的事情，帮助自己管理时间，只不过随着工作和生活节奏的加快，已经很少人愿意去写日记了。

而九宫格日记表就是一种简化版日记，每天花10分钟画一个3×3的格子，在里面填写相应的内容。中间的格子写上日期、天气，其余的8个格子可以根据自己的目标和计划做出相应的调整，可以以任务为主，比如写作、阅读、学习、锻炼等方面，也可以以目标为主，比如心愿、打卡、新鲜尝试等。

在我的时间管理过程中，经常将九宫格分为以下几类。

九宫格时间管理表		
最重要的任务： 制订团队绩效计划	本该完成却没完成的任务： 去财务送项目结项材料	本不打算完成却完成的任务： 在电商网站上购买家电

续表

九宫格时间管理表		
每日打卡： 阅读40分钟	2020年8月1日 周六，天气晴， 清风徐来	睡眠健康： 23:00睡觉，锻炼1个小时
今天新进步： 发现新版的有道云笔记可以将思维导图导出为高清图片	明天新计划： 提前准备好产品的介绍资料	Tips： 明天要准时去看牙医

（1）最重要的任务

最重要的任务可以对应第4节中重要且紧急的任务，这是一天内必须完成的一项任务。其他8个格子里的内容都可以根据实际情况进行替换，但是建议不要替换最重要的任务。

对于我来说，今天最重要的任务是完成团队绩效计划的制订，这对于我个人和团队来说，都是最重要的任务。

（2）本该完成却没有完成的任务

本该完成却没有完成的任务是第一个格子的对立面。每天的任务除了最重要的任务之外，还有一些明明很重要却被我们不经意忘记的事情。出现这种情况往往是因为我们的日程安排出现了问题，有其他优先级较低的任务占用了时间。

对于我来说，今天本该完成却没有完成的事情，是去财务送项目结项材料，这关系到与合作商的付费问题。但是因为疏忽，一直到财务同事下班，我都没来得及赶去，对工作进展产生了不良影响。

在记录这个表格的时候，我们只需要客观地记录，而不要被愧疚的情绪所影响。

（3）本不打算完成却完成的任务

既然有该完成却没完成的任务，自然会有不打算完成却完成的任务。有时候我们并不打算做完一件事情，但往往会因为外部因素的干扰，或者个人任务列表安排的变化，反而把它做完了。

如果确实是因为计划变动不得不完成，可以及时将它调整到其他的格子。如果是打乱了原有计划的任务，下次就尽量避免这种情况。

对于我而言，今天本不打算完成却完成的任务是帮家人在电商网站上购买空调，本来这项任务应该放到最近的一个促销日来完成，但是因为天气过于炎热，在中午休息的间隙就完成了。

（4）每日打卡

上一节给大家分享了每日打卡的时间管理方式，这项工作也可以整合到九宫格日记表中，今天有哪些常规性的任务已经完成，就在这个表格里记录下来。

比如，我今天晚上完成了40分钟的阅读计划，这也是一个小进步。

（5）基本信息

日期、天气、心情等基本信息。

（6）睡眠健康

第6个表格主要关注个人的健康方面，可以记录昨晚的睡眠时间和锻炼时长。

昨晚几点进入睡眠？有没有熬夜？今天早上有没有睡懒觉？今天进行了多长时间的锻炼？

比如，我昨天因为看视频节目就熬夜了，导致今天早上有点没精神，但还是完成了1个小时的锻炼。

（7）今天新进步

在今天的生活中有没有什么值得记录下来的进步？有没有什么新的点子或者发现？这些也是值得我们记下来的。

比如，今天我发现了新版的有道云笔记可以将思维导图导出为高清图片，然而我还是接着使用百度思维导图，这也算一个小发现吧。

（8）明天新计划

关于明天有什么新的工作安排，是否需要提前准备一些什么事情，也可以提前记录下来。

比如，我明天要去会见一个比较重要的客户，就需要提前准备好产品的介绍资料。

（9）提示（Tips）

这个格子主要充当备忘录的角色，可以记录一些比较琐碎的事情，或者比较容易忘记的事情，可以和其他8个格子无关。

比如，我在这个格子里记下的是明天要准时去看牙医，这件事情比较琐碎，容易忘记，但不能忘记。

以上就是一个完整的九宫格日记。简单地制作这样一个表格，一天之内的事情基本上可以完整地记录下来，有哪些重要的任务完成了，有哪些任务浪费了不必要的时间，还有哪些事情要提醒自己，就一目了然了。

【时间管理技巧】

很多人都不太重视提示（Tips）的作用，觉得备忘录只是用来记录一些无关紧要的内容，其实使用备忘录也是有技巧的。

（1）可以将琐碎的事情按照时间先后顺序记录在备忘录中。由于第9个格子中记录的大部分是碎片化任务，有时间就去做，可以不受时间设置的限制。

（2）提示（Tips）不仅可以用于任务管理，也可以用于知识管理。担心遗忘的知识点都可以记录在第9个格子里。

（3）如果提示（Tips）出现的场景比较多，还可以借助专门做备忘的App，使用标签等功能设置分类提示（Tips）。

自我训练

九宫格日记和其他时间管理方式的不同之处在于九宫格不能做过多的发挥，所有的事情都必须聚集在这9个格子中。不过，这样才更能将有限的精力聚焦在有限的事项上，让你能够持续关注生活中的某个部分。

九宫格上的每一个格子都会提醒你每件事情要尽可能写得简明扼要，那样你就会自发地平衡9个格子中的每一个项目。如果当天要完成的工作重心有所变化，也可以随时修改格子里的项目。

为了方便大家开展自我训练，我也提供了一个常用的九宫格模板，大家试着把一天的任务记录下来吧！

九宫格时间管理表（表6）		
最重要的任务：	本该完成却没完成的任务：	本不打算完成却完成的任务：
每日打卡：	基本信息：	睡眠健康：
今天新进步：	明天新计划：	Tips：

6.六要素工作法——设计即将到来的两小时

学习了上面几种时间管理的方法之后，大家可能还会有这样的需求：有没有管理一小段时间的工具？可以不断地迭代时间管理的内容，让计划赶得上可能出现的变化。

这就需要从时间、地点、环境、人物、物品和状态这6个要素来了解自己的时间，因此，这种方法也被称为“六要素工作法”。

不同于其他主要关注未完成事项内容方面的方法，“六要素工作法”需要准确地对6个方面的要素进行管理，是一种更加全面的时间管理方法。

首先将每天上班工作的时间均匀地划分成若干个时间段。每个时间段的长度可以根据个人的不同情况进行调整，一般来说，将上午划分成两个时间段是比较合适的。

如下表所示，这是早上9点半到11点半的六要素表格，从时间、地点、环境、人物、物品和状态这6个要素详细分析了这2个小时应该完成什么工作。

时间管理六要素	
时间：	周一　9：30—11：30
地点：	办公室
环境：	办公场所，部门领导位于独立办公室内，同事分布在周围的格子间内
人物：	早上不需要外出拜访客户，也没有会议邀请。除个别电话外，暂时不需要和很多人进行沟通交流
物品：	周一的公司内网访问缓慢，一些在线文件无法及时得到处理
状态：	经过一个周末的休息，身心都得到极大的放松，处理事务和撰写文档的效率相对较高

将这个时间段的6个要素先后罗列出来，你发现了什么？

周一早上的这个时间段，大家几乎都处于忙自己工作的状态，而且经过一个周末的休息，大家的精神和思考能力都处在巅峰状态，这个时间段安排一些集中处理的任务，会极大地提高单位时间内的工作效率，一些碎片化的任务可以放在中午休息之后的时间。

同样地，下午的三四个小时，也可以分为两个时间段来分析，通过对不同的时间段进行准确的分析，为自己安排合理的任务，你会发现不同时间段内的工作产出都会得到提升。

除此之外，我们还可以发现提高这段时间工作效率的具体措施，比如这段时间公司内网访问缓慢，一些内网的文件无法及时得到处理，那么这时候应该怎么办呢？

暂时不去理会内网的这些事情，集中精神把不需要内网的任务完成之后，也避开了内网访问人数过多的时间段，再从容地在内网浏览文件，这样就实现了工作效率的最大化。

你们感受到时间六要素的便捷之处了吗？

【时间管理技巧】

时间管理的6个要素并不是一成不变的，而是需要在具体生活工作中进行优化调整的。

（1）根据环境变化改变工作内容

比如，在上述表格的安排中，环境本来是相对安静的，适合集中精力做一些需要脑力的工作，但如果这时对面的会议室临时召开视频会议，可能需要你随时待命。这样一来，安静的环境不存在了，就可以先完成一些碎片化的工作。

在实际工作中，环境不可能是一成不变的，所以我们需要随时准备好适合当下环境的解决方案，当环境发生变化导致原有的6个要素发生变化时，不必苛责自己，及时调整即可。

（2）根据状态变化改变工作内容

在6个要素中，状态其实是很重要的，尤其是进行任务切换时，更加需要“重启”状态。比如，锻炼结束之后要开始阅读，我们就需要通过物品等要素的变化来改变状态，将锻炼器材归位，喝水休息一会儿，从健身场所走出来，通过一系列物品和环境的变化暗示状态的变化，便于自己迅速进入下一个任务。

（3）根据进度变化改变工作内容

还有一种情况是，我们提前完成了工作内容，那么也不必把这段时间全部填满，可以利用最后一点时间，放松一下，为接下来的工作积攒精力，也可以处理一些简单的小事。如果接近最后期限时，还有很多工作没有完成，可能就需要对当下的时间六要素或者下个时间段的六要素进行灵活调整。

自我训练

对于大部分人而言，“六要素管理法”可以让大家“有效利用整段时间”，通过对接下来整段时间的把握，对客观环境和主观意愿进行分析，对未完成事项进行更合理的排序。

善于利用整段时间是一件很重要的事情，而不善于利用整段时间，就会造成工作效率低下，导致工作进度延误和内心焦虑，形成恶性循环。

下面给大家列出了一个时间六要素的表格，你可以试着把最近一段时间的六要素分析填到表格里，看看自己在整段时间里的工作处于什么状态，并思考如何改进。

时间管理六要素（表7）	
时间：	
地点：	
环境：	
人物：	
物品：	
状态：	

7. “吞青蛙”表格——每天最重要的3件事

现在职场人常常面临的一个问题是贪心，或者说是事情太多，时间太少。

既想在上司面前好好表现，又想好好照顾家庭；
既想下班后有规律地锻炼，又想静下心来读几本书；
既想把本职工作做到最好，又不会拒绝同事的“甩锅”；
这还不包括各种其他的爱好。
（备注：“甩锅”为网络流行语，意为推卸责任。）

贪心导致每天的时间不够用，这是现代人焦虑的原因之一。

那么，如何才能在有限的时间内尽可能多地满足自己的想法呢？

这一节要向大家介绍的工具是“吞青蛙”。之所以叫这个名字，发明它的博恩·凯西是这样解释的：

（1）如果每天早晨第一件事是吃掉一只活青蛙，那么对于你来说，今天没有什么比这更糟糕的事情了。

——这是什么意思？先搞定最有挑战性的任务。如果你连活青蛙都吃得下去，还有什么事情可以难倒你？

（2）如果很不走运，你必须吃掉两只青蛙，那就先吃那只长得丑的。

——先处理更困难的工作，这会让自己在完成工作的时候没有那么大的压力。

（3）最后，如果你必须吃掉一只活青蛙，就算你一直坐在那里盯着它也无济于事。

——所以，现在就动手吃掉第一只活青蛙吧！

青蛙其实就是我们每天在日常生活和工作中遇到的难题和任务，我们每个人肯定都会遇到或多或少的青蛙。如何处理好这些青蛙，是我们需要关注的事情。

所以，“吞青蛙”表格就是在前一天晚上列出来的明天最重要的3件事情，然后努力完成它们。

如何选出这3只青蛙呢？

不要犹豫，按照困难程度列出最棘手的3件任务吧！如果你可以成功地把3件最棘手的任务完成，那么不仅可以增加你的信心，而且可以让你在处理接下来的其他任务时，更加游刃有余。

想象一下，当你一件一件地把这些任务完成，用笔狠狠地将它们在“吞青蛙”表格上划掉之后，心里大概会产生一个字——爽！

下面给大家看看这样一个“吞青蛙”表格：

“吞青蛙”表格	
青蛙一	完成下一版产品需求文档的评审，并与技术同事达成一致。
青蛙二	争取下个季度的营销资源，并按时间分配到每个月。
青蛙三	合同通过法务的审核，并发给客户法务进行审核。

事项一是在之前进行了两周都没有完成的工作，但之前技术和运营同事先后提出了一些问题。现在产品马上就要进入研发阶段，对于公司和个人而言，这是最重要也是最棘手的一件事情。

事项二和事项三，都是需要与公司内部人员达成一致的事情，但是需要通过漫长流程的审核。因为马上面临着下个季度关键绩效指标（KPI）的达成，所以这两件事情也势在必行。

同时，大家可以看到这三个事项都写得比较详细，对于这三个重要事项而言，不仅要写清楚要做什么，而且要写清楚完成的标准是什么，比如完成产品需求文档评审的结果是技术同事要按照产品需求文档的说明开始研发工作，而不是等评审结束之后，又要进行下一轮修改等工作。

【时间管理技巧】

在“吞掉”这3只青蛙的时候，也是有很多技巧的，最常见的就是要学会将“二八法则”用于“吞青蛙”的过程中。比如，在上表中，完成产品需求文档的评审，可以最快地给部门和公司带来收益，所以必须将精力集中在这上面。

具体到如何“吞青蛙”上，很多人会觉得只要完成任务就可以了，这是刚开始学习“吞青蛙”的误区，在完成最关键的任务时，要同时考虑以下3个方面：

（1）考虑后续影响

“吞掉”这3只青蛙将对以后的工作会产生什么影响，是正面的还是负面的？如果成功地吞掉青蛙，但会产生一系列的负面影响，那么在“吞青蛙”的时候，就需要将后续影响纳入考虑范围内。

（2）解决障碍因素

在“吞青蛙”的过程中，最影响你实现目标的是各种内部和外部的障碍因素，可能是客观因素，也可能是人为因素，但无论是哪种因素，解决这些障碍因素，可以让你在下次更快地完成“吞青蛙”——因为你已经知道“吞青蛙”的障碍因素应该如何快速解决。

（3）升级核心技能

“吞青蛙”只是提升个人工作能力的第一步，无论这一次“吞青蛙”有多少成果，依然停留在“吞”的动作执行上，我们需要做的是通过不断的练习，提高自己的核心技能，将“吞”的动作内化为可以不断复用的核心技能，这样，即使工作环境和条件变了，你依然是最会“吞青蛙”的人。

总而言之，“吞青蛙”其实是要求我们找出每天最重要的3件事情，集中精力把这些事情做好，然后才能腾出更多的时间来安排其他的事情。

自我训练

有时候也会出现“吞青蛙”失败的情况，那也不用太焦虑。毕竟青蛙本身已经是当天任务的上限。这时候，只要记录没能完成的原因和下一步的行动就可以了。

不过，如果一只青蛙好几天也没有被消除，就要考虑具体原因了。是这件事情根本没必要做，还是你根本不想做，抑或你不知道如何去做?

现在想一想明天你要吞下哪3只青蛙，然后把它们填写在下面的表格里。

“吞青蛙”表格（表8）	
青蛙一	
青蛙二	
青蛙三	

为了帮助大家巩固“吞青蛙”的习惯，下面还为大家准备了时长为一周的“吞青蛙”表格，每天达成目标之后可以奖励自己一个积分，如果没有完成，则要扣除一个积分。

周工作青蛙列表（表9）

	周一	周二	周三	周四	周五	周六	周日
1							
2							
3							
总结							

每天吞3只青蛙肯定是一件很辛苦的事情，但是吞下这3只活青蛙之后，做其他事情的压力就会小很多，也会让自己在工作中获得更多的幸福感和成就感。

8.甘特图——像管理项目一样管理时间

甘特图是我在从事项目管理工作时常用的工具。从严格意义上来说，甘特图不是为时间管理而产生的，它最常出现的场景是各种项目或者方案的管理，但用甘特图来管理时间也是一种不错的方法。

甘特图本身是一个平面二维图，在项目管理中，甘特图的纵轴表示任务，横轴表示每项任务所需要的时间，填写每个格子之后，可以直观地呈现任务计划在什么时候进行，以及实际进展与计划要求的对比，所以用甘特图的纵轴表示各种待办事项，横轴表示时间点，似乎没有违和感。

甘特图可以用Excel表格制作，也可以用其他专门绘制甘特图的软件，比如微软的Microsoft Project等。如何将甘特图管理项目的原理应用在时间管理方面，是大家需要进一步学习的。

我们先来看看下面这个时间管理的甘特图：

时间管理甘特图1

	7点	8点	9点	10点	11点	12点	13点	14点	15点	16点	17点	18点	19点	20点	21点	22点	23点
洗漱																	
吃饭																	
通勤																	
开会																	
写方案																	
午饭																	
阅读																	
开会																	
写方案																	
公众号																	
通勤																	
晚饭																	
电影																	
洗漱																	

横轴还是像传统的甘特图一样，罗列了一天中生活和工作的时间段。

而纵轴按照先后顺序，罗列了一天之内所有的任务待办清单：

洗漱——吃饭——通勤——开会——写方案——午饭——阅读——开会——写方案——公众号——通勤——晚饭——电影——洗漱睡觉。

但奇怪的是，即使每个时间段之间没有休息，等洗漱完也到晚上11点了。

这明显不符合时间管理的目的，那么应该怎么办呢?

借助项目管理的思想，如果遇到这种情况，常用的两种方法是赶工和快速跟进。

其中，赶工适用于那些通过增加资源就能缩短持续时间的情况。对于时间管理而言，赶工并不适用。

而快速跟进适用于能够通过并行活动来缩短项目工期的情况，它将正常情况下按顺序进行的活动或阶段改为至少部分并行开展。

那么在上面的表格中，有哪些任务是可以并行开展的呢?

洗漱和吃饭肯定是无法并行开展的，但是通勤和阅读是可以并行的。

时间管理甘特图2

	7点	8点	9点	10点	11点	12点	13点	14点	15点	16点	17点	18点	19点	20点	21点	22点	23点
洗漱																	
吃饭																	
通勤																	
开会																	
写方案																	
午饭																	
阅读			←					○									
开会																	
写方案																	
公众号													○	→			
通勤																	
晚饭																	
电影																	
洗漱																	

可以看到，经过简单的优化，原先阅读和公众号的时间没有变，但是整体节省了2个小时，在14点和19点的时候都出现了空余时间。

接下来，我们来考虑一下休息娱乐的时间。

在上面的甘特图1中，几乎没有考虑休息的时间，吃完饭马上阅读，阅读完马上开会，这一般是无法实现的，所以我们可以对上述表格再进行优化，把休息娱乐的时间节省出来。

这时候，我们可以从晚饭和洗漱的时间中腾出1个小时来进行玩游戏等娱乐事项。

如甘特图3所示，还是一天从早上7点到晚上11点，在这段时间内，我们完成的任务没有变，而且留出了用于娱乐休息的时间，整体的时间安排也没有那么紧张。

【时间管理技巧】

在甘特图的并行事项中，经常有人不知道如何最有效率地安排。如果没有赶工和快速跟进的项目管理经验，我们可以根据脑力劳动和体力劳动的分类安排并行事项。

（1）脑力劳动和脑力劳动：不建议同时进行

我们都会有这样的经验，当同时从事两项需要脑力的工作时，就会有“脑子不够用”的疲倦感。研究表明，同时执行多项脑力活动的人，在认知上会出现明显的下降，工作效率也会出现相应的下降。所以，我们无法同时做不同学科的两份卷子，也尽量不要同时执行多项脑力工作。

时间管理甘特图3																
	7点	8点	9点	10点	11点	12点	13点	14点	15点	16点	17点	18点	19点	20:00—20:30	20:30—21:30	21:30—22:30	22:30—23:00
洗漱																	
吃饭																	
通勤																	
开会																	
写方案																	
午饭																	
阅读			←														
开会																	
写方案																	
公众号													→				
通勤																	
晚饭																	
电影																	
娱乐																△	
洗漱																	

（2）体力劳动和体力劳动：不建议同时进行

同样地，两项体力劳动也不建议同时进行，比如在洗衣服的空隙打扫卫生，在锻炼的时候做家务，这种组合听起来就不具备可执行性。

（3）脑力劳动和体力劳动

只有脑力劳动和体力劳动结合时，才能实现时间效率的最大化。比如，通勤路上听听有声读物，在等位排队的时候安排一下当天的工作，这些都是最优的时间组合方式。

依据脑力劳动和体力劳动不同的时间占比，可以使用甘特图合理优化时间计划，从而提高每天的时间使用效率。

自我训练

作为一种工具，甘特图为管理个人时间和执行力提供了最基础的通用信息，从视觉效果上很明显地呈现当天任务的进度和完成状态。对于需要不断跟进的任务，通过甘特图可以实现可视化规划和跟踪记录，这个直观的过程让每个人在管理剩余时间和剩余任务时，都可以做到有章可循，从而提高个人的工作效率。

接下来，我们在自我训练的过程中，先在第一个表格里罗列出所有的任务。这个过程可以熟悉甘特图的基本结构，做到时间和任务的无缝衔接。

然后根据实际情况进行优化，并将优化后的甘特图填写在第二个表格里，实现任务的齐头并进。

优化前的甘特图

	7点	8点	9点	10点	11点	12点	13点	14点	15点	16点	17点	18点	19点	20点	21点	22点	23点

优化后的甘特图（表10）

	7点	8点	9点	10点	11点	12点	13点	14点	15点	16点	17点	18点	19点	20点	21点	22点	23点

9. 34枚金币法——把时间当作金币来管理

前几节我们介绍了不少经典的时间管理工具。对于刚接触时间管理知识的人来说，这些方法和模板可以让你很快地上手时间管理；对于熟悉管理学等学科知识的人来说，这些方法也可以扩充已有的时间管理框架。作为第一章的最后一节，我们要介绍的是近几年最流行的34枚金币时间管理表。

34枚金币时间管理表是由新东方英语老师艾力自创的。作为一个朝九晚五的上班族，艾力的34枚金币时间管理表贯穿了早上7点到晚上12点17个小时的时长。

其中，以每半个小时为一个金币，17个小时就是34枚金币，再通过5种不同的颜色来给自己的时间“算一笔账”。

这种记账一样的时间管理方式非常适合各位“财迷”朋友们，当一枚一枚的金币慢慢消失在自己眼前的时候，我们会有一个感受：心痛！

在这个金币时间管理表格中，艾力把每天的事情分成了5个性质：

（1）黄色=Quality work（高效工作的时间）

包括高效地工作、看书、学习，任何能产生价值的时间都标记在这里。今天你从下午1点到4点学习，或者工作了3个小时，就把这一天下午1点到4点的6个金币格用黄色填满。

（2）橙色=Mandatory work（强迫工作的时间）

比如，有的事情不想做，却不得不去做，有的会议不想参加，上司却要求你去参加，这些都属于强迫工作的时间。

（3）绿色=Rest time（休息的时间）

睡觉、通勤、工作途中的休憩都可以算作休息时间。

（4）蓝色=Guilt free play time（尽情娱乐时间）

34枚金币中不仅有工作学习的时间，也有尽情娱乐的时间。在这些时间里，你可以毫无压力地消遣娱乐。

（5）红色=Procrastination time（拖延时间）

拖延症发作的时候，比如睡懒觉、刷朋友圈、看短视频。这些事都可以算作拖延时间。

	7月16日	7月17日	7月18日	7月19日	7月20日	本周总结
7:00—7:30	早起刷新闻	早起刷新闻	早起刷新闻	早起刷新闻	早起刷新闻	本周阅读书籍：《疯传》
7:30—8:00	洗漱	洗漱	洗漱	洗漱	洗漱	
8:00—8:30	早饭	早饭	早饭	早饭	早饭	本周学习进度：完成《原则》的学习笔记
8:30—9:00	通勤	通勤	通勤	通勤	通勤	

续表

<table>
<tr><th></th><th>7月16日</th><th>7月17日</th><th>7月18日</th><th>7月19日</th><th>7月20日</th><th>本周总结</th></tr>
<tr><td>9:00—9:30</td><td>晨会</td><td>晨会</td><td>晨会</td><td>晨会</td><td>晨会</td><td rowspan="2">了解东欧发展历史</td></tr>
<tr><td>9:30—10:30</td><td rowspan="2">撰写方案</td><td rowspan="2">评审会议</td><td rowspan="2">撰写方案</td><td rowspan="2">合作商会议</td><td>整理资料</td></tr>
<tr><td>10:30—11:00</td><td rowspan="2">跟同事在茶水间讨论</td><td rowspan="6">本周有意义的工作:
1. 完成上半年总结
2. 完成新版产品材料
3. 完成活动策划初稿
4. 与合作商建立关系
5. 团建成功</td></tr>
<tr><td>11:00—11:30</td><td>跟同事讨论方案内容</td><td>整理会议内容</td><td>沟通方案相关方</td><td>整理会议结论</td></tr>
<tr><td>11:30—12:00</td><td rowspan="2">午饭</td><td rowspan="2">午饭</td><td rowspan="2">午饭</td><td rowspan="2">午饭</td><td rowspan="2">午饭</td></tr>
<tr><td>12:00—12:30</td></tr>
<tr><td>12:30—13:00</td><td rowspan="2">休息</td><td rowspan="2">休息</td><td>休息</td><td>休息</td><td rowspan="2">休息</td></tr>
<tr><td>13:00—13:30</td><td>继续沟通</td><td>推进会议内容</td></tr>
<tr><td>13:30—14:00</td><td rowspan="4">做上半年总结的PPT</td><td rowspan="3">修改产品材料</td><td rowspan="4">活动策划</td><td rowspan="3">集团汇报工作</td><td rowspan="4">外出团建</td><td rowspan="4">本周无用的工作:
1. 评审会议偏离主题
2. 会议结果没有进展</td></tr>
<tr><td>14:00—14:30</td></tr>
<tr><td>14:30—15:30</td></tr>
<tr><td>15:30—16:00</td><td>听培训讲师课程</td><td>路上</td></tr>
</table>

续表

<table>
<tr><th></th><th>7月16日</th><th>7月17日</th><th>7月18日</th><th>7月19日</th><th>7月20日</th><th>本周总结</th></tr>
<tr><td>16:00—16:30</td><td rowspan="3">与团队成员开会讨论季度目标</td><td rowspan="2"></td><td>中途休息</td><td>去银行办理业务</td><td></td><td rowspan="2">3. 健身的时候不专心</td></tr>
<tr><td>16:30—17:00</td><td rowspan="4">完成活动策划初稿</td><td rowspan="2">根据上午会议重新安排工作内容</td><td></td></tr>
<tr><td>17:00—17:30</td><td rowspan="2">完成产品材料并提交流程</td><td></td><td rowspan="10">本周观看电影：暂无，下周计划再看一遍《新世界》</td></tr>
<tr><td>17:30—18:00</td><td rowspan="4">约业内朋友吃饭</td><td rowspan="2">茶水间</td><td></td></tr>
<tr><td>18:00—18:30</td><td>休息</td><td></td></tr>
<tr><td>18:30—19:00</td><td rowspan="2">通勤</td><td rowspan="2">通勤</td><td rowspan="2">通勤</td><td></td></tr>
<tr><td>19:00—19:30</td><td></td></tr>
<tr><td>19:30—20:00</td><td rowspan="2">通勤</td><td rowspan="2">晚饭</td><td rowspan="2">晚饭</td><td rowspan="2">晚饭</td><td></td></tr>
<tr><td>20:00—20:30</td><td></td></tr>
<tr><td>20:30—21:00</td><td rowspan="3">健身</td><td rowspan="3">健身</td><td rowspan="3">健身</td><td rowspan="3">健身</td><td></td></tr>
<tr><td>21:00—21:30</td><td></td></tr>
<tr><td>21:30—22:00</td><td></td></tr>
</table>

续表

	7月16日	7月17日	7月18日	7月19日	7月20日	本周总结
22:00—22:30	阅读	阅读	阅读	阅读	阅读	
22:30—23:00						
23:00—23:30	整理邮件	整理邮件	整理邮件	整理邮件	整理邮件	
23:30—24:00	洗漱	洗漱	洗漱	洗漱	洗漱	

在上面的34枚金币时间管理表中，艾力把自己的时间当作财富来管理，1年365天，如果每天有34枚金币，那么艾力一共有12410枚金币。

在这365天中，艾力一共玩儿了1428个小时，休息了3695.5个小时，强迫工作了24个小时，高效工作了2837.5个小时。同时，他浪费了775个小时，相当于1年有32天在休闲娱乐，1个月的时间彻底浪费了。

看到这个结论，你是不是很吃惊?

【时间管理技巧】

很多人时间管理的失败多源于时间管理方法的不当，甚至很多人借助之前介绍的工具都走到了记录时间这一步，但还是无法有效地利用时间，最终功亏一篑。

通过34枚金币时间管理法得出以下4个结论：

（1）尽可能增加黄色区域的出现

很显然，我们每个人在每天的24小时里，肯定会有若干个小时处于高效工作的“亢奋”状态，作为34枚金币中最珍贵的黄色区域，把握这部分时间可以让我们把最高效的时间用来做价值最高的事情，比如早上的9点到11点工作效率最高，那么，千万不要把这段时间浪费在和自己无关的会议上，也不要在这段时间去楼下咖啡厅买咖啡，集中注意力解决工作中的重点、难点问题。节省下来的时间，你可以在橙色区域去开会，或者在蓝色区域买咖啡。

（2）尽可能地避免红色区域的出现

在第3节介绍“待办事项清单”的时候，我们就调侃过一些人的日常工作状态：打开电脑先刷会儿网页，然后接杯水，还没忙一会儿，手机就收到微信消息，回完微信消息，起身上个洗手间，回来的路上和同事聊聊天，就到饭点了。

等打开电脑准备工作的时候，大半天过去了。

34枚金币时间管理法告诉我们要时刻警惕红色区域的出现，在做每一天的统计时，要多思考“今天为什么会有这么多的红色区域？”“如何减少这些红色区域？”

方法很简单：不要拖延，与其花50%的精力去工作，花50%的精力去玩耍，不如花100%的精力去工作，花100%的精力去玩耍。

（3）充分利用碎片时间

碎片时间在任何一种时间管理方法中都让人又爱又恨，在34枚金币时间管理法中也是如此，比如一件事情做完了，可是这枚金币没花完，还剩下一些零钱，应该怎么办?

把这些零钱花在娱乐上显然是不划算的，但是这些零钱也不足以去完成下一件完整的任务。

这时候，不如把它花在一些小的任务上，比如打开书桌上没有读完的学习资料，打开手机App听一段上次没听完的英语新闻。

把这些零钱有意识地积累起来，也会成为一枚完整的金币。

（4）对34枚金币的去向进行复盘

34枚金币时间管理法中，记录每一枚金币只是初始的工作，通过主动调整每个区域的占比，让34枚金币时间更加有价值，这才是时间管理的最终目的。

就像上文中所说的，不管是增加黄色区域，还是减少红色区域，都要积极地思考为什么会出现当天的情况，以及如何调整34枚金币的去向，这样你才能成为时间的富翁。

自我训练

艾力已经如此勤奋，在授课之外还要参加节目、做演讲、写书，尚且不能避免每年有一个月是彻底浪费的情况，那么你呢?

可能你会发现自己浪费的时间比艾力多。要知道，任何一个时间的富翁都是从一枚小小的金币积累起来的，试着在下面的34枚金币时间管理表里数一数自己的金币吧。

34枚金币时间管理表（表11）						
	月　日	月　日	月　日	月　日	月　日	本周总结
7:00—7:30						
7:30—8:00						
8:00—8:30						本周学习进度:
8:30—9:00						
9:00—9:30						
9:30—10:30						
10:30—11:00						本周有意义的工作:
11:00—11:30						
11:30—12:00						
12:00—12:30						
12:30—13:00						
13:00—13:30						
13:30—14:00						

续表

34枚金币时间管理表（表11）						
	月 日	月 日	月 日	月 日	月 日	本周总结
14:00—14:30						
14:30—15:30						
15:30—16:00						本周无用的工作:
16:00—16:30						
16:30—17:00						
17:00—17:30						
17:30—18:00						
18:00—18:30						
18:30—19:00						本周观看电影:
19:00—19:30						
19:30—20:00						
20:00—20:30						
20:30—21:00						

续表

34枚金币时间管理表（表11）						
	月 日	月 日	月 日	月 日	月 日	本周总结
21：00—21：30						
21：30—22：00						
22：00—22：30						
22：30—23：00						
23：00—23：30						
23：30—24：00						
黄色：高效工作的时间；橙色：强迫工作的时间；绿色：休息的时间；蓝色：尽情娱乐时间；红色：拖延时间						

当然，34枚金币时间管理表格不是一成不变的。如果你每天早上8点起床，晚上11点睡觉，那你每天清醒的时间就是15个小时，34枚金币时间管理表格也就变成了30枚金币时间管理表格。

每隔一段时间，看看自己的小金库里流失了多少金币，就可以知道自己把时间都浪费在了哪里，避免之后再犯同样的错误，长此以往，你的小金库里就会积累越来越多的金币，时间也不会是抓不住的沙子，而是被你牢牢握在手里的金币。

第二章

碎片时间——如何延长自己有限的人生

1. 碎片时间整理表——你有多少时间可以被优化?

我们常常在工作中抱怨时间不够，但一边抱怨，一边还要刷朋友圈；一边焦虑，一边还要看短视频。

殊不知自己沦落在各种手机应用kill time的陷阱中，那些被你无意识抛弃的时间，其实可以用来做很多事情。

（备注：kill time，意为打发时间，消磨时间。比如，在短视频App中看搞笑视频，一两个小时转瞬即逝，一无所获，这就可以称为kill time。）

如果你不相信，可以先回答一个问题：1分钟可以用来做什么?

1分钟大约可以刷10条朋友圈，看3条微博，看半个短视频，打开一款游戏的登录界面……

但是1分钟也可以处理一封邮件，发布一个会议邀请，向领导简单汇报工作进展……

所以千万不要小看1分钟，在每个小时中节约1分钟，一天就能节约出10分钟，一周就可以节约出1个多小时，可以足够你完成一次10公里的户外跑，或者完成一个简要的方案策划。

如果把碎片化的5分钟、10分钟都这样利用起来，我们就有很多时间可以优化了。

如何把这些碎片时间利用起来呢?

首先我们要做的是，从生活习惯和工作方式两个方面把这些散落在生活中的碎片时间整理出来。

碎片时间表		
序号	**事项**	**时间**
1	通勤时间	90分钟
2	工作的间隙时间	60分钟
3	睡觉前的时间	120分钟
合计		270分钟

当你整理完碎片时间之后，你就会发现一天被浪费的时间是多么惊人，这时你就需要再设计一个《碎片时间优化表》，列出改进计划，将碎片时间充分利用起来。

碎片时间优化表		
序号	**事项**	**优化计划**
1	通勤时间	通勤时间可以用来听书、听课、听英文
2	工作的间隙时间	充分利用工作间隙时间与同事交流学习，搞好人际关系
3	睡觉前的时间	读书

【时间管理技巧1】

如果你无法通过上面两个表格来梳理自己的碎片时间，我就再分享一个整理碎片时间的技巧，即用一个笔记本，记录你从早到晚的行程，按照碎片时间产生的顺序来梳理。

比如，午饭之后，你可能会花费半个小时甚至更长的时间在八卦新闻或者搞笑视频上，但不记录下来，你也不会相信自己会在饭后消遣上浪费了这么多时间。

再如，每次开会前都要等20分钟才能正式开始，但这20分钟大多会消耗在同事之间的闲聊上。

把这些行程记录在笔记本上，可以更加方便地发现碎片时间的来源。

发现这些碎片时间分布在哪里之后，我们就可以用思维导图或者表格的方法列出碎片时间整理表了。

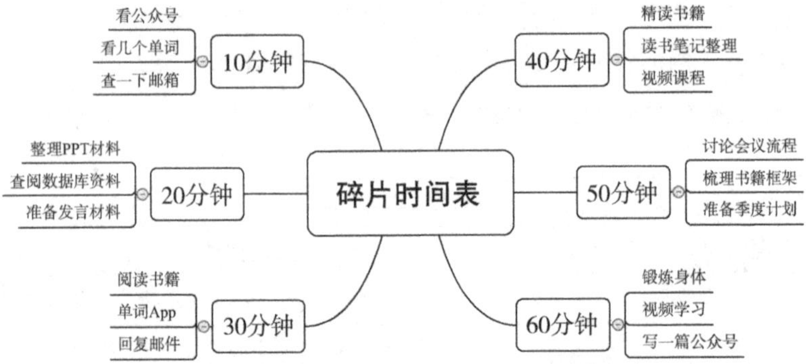

按照碎片时间的长短给整理表分类是一种很实用的方法，因为碎片时间的长短决定了这段时间内你可以做的事情。

比如，饭后有半个小时左右的碎片时间，就可以看看书或者背背单词，而等地铁的时间可能只有10分钟，就只能看一篇公众号的文章。

【时间管理技巧2】

为了避免大家纠结在每一类碎片时间内做什么，在这里分享一个小技巧：保证每一段碎片时间都在可控范围之内。

1分钟这种比较短的时间就专门用来活动身体，而不要想着1分钟可以回复一封邮件或者打个电话讨论正事。

半个小时这种相对长一些的时间可以用来专门学习和处理工作，而不要想着偷懒，只站起来活动活动颈椎。

【时间管理技巧3】

如果有充足的时间，我们可以用XMind或者Excel做一个完整的碎片时间整理表，但大多数时候，我们很难在碎片时间里做碎片时间整理表。这时候，最方便的办法就是用手机上的“提醒事项”或者“备忘录”，随时把需要做的零碎事项放在手机里，随时提醒我们有时间就去做。

来看看下面这个碎片时间整理表。

碎片时间整理表
打一个电话（给父母、孩子或者生意伙伴）
背单词（扇贝单词、百词斩）
做运动（俯卧撑、拉伸）
阅读书籍（电子书）
听书（喜马拉雅App）
冥想
查收邮件
……

有时候，手机备忘录也可以帮我们记录随机出现的碎片时间，避免届时没有一点头绪，比如恶劣的天气造成半个小时的交通延误，但这半个小时的延误并没有出现在我们的计划清单内，这时候，我们可以从之前的碎片时间清单中挑选一些适合半个小时的事情来做，让随机出现的碎片时间也可以得到有效利用。

任何人都避免不了碎片时间，但通过对碎片时间的不断调整和整合，我们可以做到尽量避免浪费碎片时间。而碎片时间清单就像一份行动指南，指引我们下一步可以做什么，应该做什么，帮助我们减少做选择和重新思考的时间。

或许一个碎片时间整理单的执行率无法达到100%，但在执行的过程中，我们已经不自觉地把原本无效的时间投入有意义的事情，在下一次再出现类似的碎片时间时，我们也可以更快地完成状态切换。

值得提醒的一点是，碎片时间整理单的出现并不是为了增加工作负担，而是为了将节省下来的大部分时间投入更加需要专注力的工作中，从而提高工作效率，减轻工作负担。

自我训练

碎片时间整理并不难，为了方便大家更快地厘清不同时长的碎片时间应该做什么，不如做一个简单的思维导图整理一下吧。

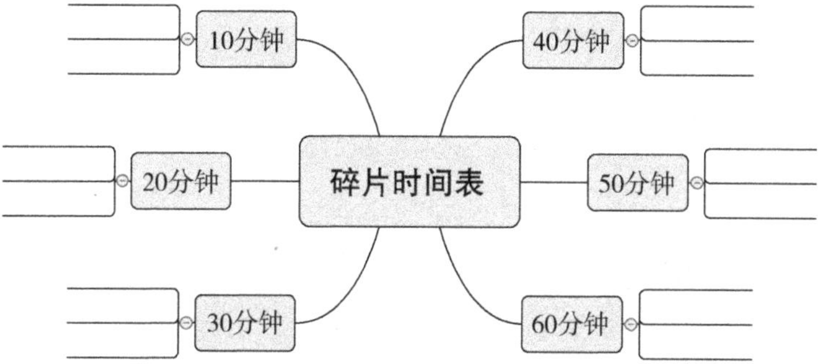

接下来，你需要根据实际情况制作一个《碎片时间表》。

碎片时间表		
序号	事项	时间
合计		

接下来，列出改进计划吧。

碎片时间优化表（表12）		
序号	事项	优化计划

2. 通勤时间精进计划——不浪费路上的一分一秒

上一节中，我们举了很多碎片化时间的场景。在日常生活中，最常见的碎片化时间其实是通勤时间，这已经是职场人每天最长的一段碎片时间，也是最值得利用的一段时间。

据前程无忧《2018职场人通勤调查》显示：47%的受访者在通勤途中，会选择“使用手机或移动设备刷屏”，其中近五成职场人士会选择使用设备上的平台学习或阅读与职场、行业相关的资讯；紧跟其后的是选择“看书学习”及“思考处理工作上的事情”，分别是15%和16%。

事实上，通过合理规划，可以让自己的碎片时间更好地被利用，创造出更多有价值的成果，比如你要参加一项考试，从开始报名到考试有3个月的准备时间，如果每天通勤时间都设置2个知识点，每个知识点的学习时间是15—20分钟，这样每天就有约40分钟的时间可以用于学习，在3个月里就有约60小时投入考试准备中，可以掌握约200个知识点，基本就可以通过一门考试了。

如果你每天的通勤时间比40分钟还要长，那么可以用来学习的时间就更长了。如何把通勤时间投资到自我提升上，就成了一件重要的事情。

下面我们来看看采用不同的通勤工具时，应该如何提高碎片时间的利用效率。

（1）公共交通出行

很多上班族每天都免不了乘坐公交、地铁等公共交通工具。如果没有意识到这段时间的重要性，那么通勤时间的事项设计表上可能就只有一行字——玩手机。

但事实上，如果把这段时间充分利用起来，不管是冥想还是看书，都是一举两得的事情。如果通勤时间较短，那就闭目养神，思考一下早上要做的事情，一般我是通过5W2H分析法来快速思考将要完成的事情。

【时间管理技巧1】

5W2H分析法简单方便，对于决策和执行性的活动措施非常有帮助，也有助于弥补问题的疏漏。

5H2W表
Why：目的、原因
What：用什么方法、做什么工作
Where：在哪里做、从哪里入手
When：什么时候做、什么时间完成
Who：谁来完成、由谁承担

续表

5H2W表
How much：花费多少、做到什么程度
How：怎么做、方法怎样

比如，早上需要向领导汇报工作，就要快速地在脑海中整理出一个5W2H的表格。

5H2W表1
Why：向领导汇报的原因是什么，是同步工作进度还是争取领导支持
What：做了什么事情，遇到什么问题
Where：从哪里入手开展工作和解决问题
When：预计完成时间
Who：和谁一起完成工作，由谁做主要汇报
How much：这件工作投入了多少成本，现在的进度如何
How：通过什么方式完成这项工作

如果是检查下属的工作，也可以整理出一个5W2H的表格。

5H2W表2
Why：问题产生的原因是什么
What：遇到什么问题
Where：问题出在哪里
When：预计完成时间
Who：问题的责任人是谁
How much：解决问题需要投入多少成本

续表

5H2W表2
How：通过什么方式来解决问题

如果通勤时间较长，不妨列一个书单，好好规划在一段时间内打算阅读的书籍。比如，下面就是我在2019年下半年计划阅读的书籍，当然其中还包括一部分尚未完成的书籍。

书单						
类型	序号	书名	开始时间	看完时间	时长	心得体会
思维逻辑	1	简单的逻辑学				
	2	批判性思维				
	3	自控力				
	4	经济管理				
工作效率	5	高效能人士的七个习惯				
	6	影响力				
	7	断舍离				
	8	第五项修炼				
	9	沟通的艺术				
历史人文	10	万历十五年				
	11	乡土中国				
	12	人类简史				
	13	全球通史				
	14	巨人的陨落				
……						

【时间管理技巧2】

地图类App常常有到站提醒，或者可以手动设置倒计时，就不用时刻听公交车报站，可以把更多的精力集中在想要做的事情上。

同样地，到站提醒类工具可以用在地铁出行的场景，地铁的出发时间、到达时间更加固定，环境也允许除了书籍之外更多的学习途径，比如音频学习类App，市面上常见的“得到”“喜马拉雅”“网易公开课”等都是不错的选择。

（2）长途交通工具

如果是坐飞机或者火车出行，可以把漫长的候机或候车时间和在途时间利用起来。

通常我会带一本日常没有整段时间认真阅读的书籍，在飞机或者火车上的漫长时间中，可以完成“阅读+思考”的闭环工作。

（3）步行

在通勤过程中，步行和自行车出现的情况相对较少，只有在下班途中或者更换办公地点时才会步行，这时候，可以通过以下原则来反思一下：

今天的3件事做得如何？

有哪些地方需要改进？

明天有哪3件事需要做？

步行的碎片时间有长有短，但为了通勤安全，最好把今天的工作学习简单地总结一下，然后享受和家人、朋友共处的时光。

自我训练

在下一次去公司的路上，按照5H2W的方法，思考一下到了公司马上需要做什么事情，把通勤的时间也利用起来吧！

通勤时间计划表（表13）	
通勤时间计划	具体行动
Why：目的、原因	
What：用什么方法、做什么工作	
Where：在哪里做、从哪里入手	
When：什么时候做、什么时间完成	
Who：谁来完成、由谁承担	
How much：花费多少、做到什么程度	
How：怎么做、方法怎样	

3.瑞士奶酪法——碎片时间的快速整合

我们每个人都曾幻想过理想化的工作条件，当接到任务的时候，可以有整段的时间来专心完成这项任务，而不会被其他事情干扰。

但在实际工作中，基本不存在这种工作条件。我们很难找到这样理想化的整段时间来完成任务，不得不在各种碎片时间中争分夺秒地开展工作。

在这种困境中，阿兰·卡凯提出了一种叫作“瑞士奶酪法”的时间管理方法。顾名思义，由于瑞士奶酪上面分布着许多小孔，阿兰·卡凯将这些小孔比作碎片时间，在完成一个比较大的任务时，要善于使用“见缝插针”的方法，积极地利用零碎时间，而不是消极地等待整段时间的出现。

比如，你的任务需要8个小时的整段时间来完成，但暂时不可能有如此充足的时间，这时候，你可以先花10分钟、5分钟甚至1分钟完成任务中的某个步骤，而不是消极地等待整段时间的出现：

用10分钟将任务中涉及的文档系统梳理一遍；

用5分钟将关联方的来往邮件整理一下；

用1分钟做一个待办工作的列表；

……

这些都可以一小步一小步地推进这项任务，避免原地踏步。

根据瑞士奶酪法的原理，我们可以通过3个步骤实现碎片时间的快速整合。

（1）把任务分解为多个易操作、任务量较小的任务，小到可以放在奶酪上的每个小孔中；

（2）预估可以用来完成任务的碎片时间，明确奶酪上有多少个小孔；

（3）完成每个小孔中的任务，通过番茄闹钟开始工作。

比如，最近的一项任务是完成一次关于彼得·德鲁克《卓有成效的管理者》的演讲，我们可以按照瑞士奶酪法，根据以下表格合理安排自己的碎片时间。

瑞士奶酪时间表		
	序号	内容
近期目标	1. 演讲工作	完成彼得·德鲁克《卓有成效的管理者》的演讲
	2. 其他	……
步骤	1. 将目标分解为若干个可以分阶段执行的步骤	（1）阅读彼得·德鲁克《卓有成效的管理者》及相关著作论文
		（2）撰写读书笔记、摘要和演讲提纲
		（3）撰写演讲稿
		（4）制作演讲现场所用的PPT
		（5）与演讲主办方确定流程

续表

瑞士奶酪时间表		
	序号	内容
		（6）根据主办方意见完善演讲稿及PPT
	2. 利用“瑞士奶酪法”找出每一个可以利用的时间段	（1）周一到周二的通勤途中和下班之后完成《卓有成效的管理者》的复习和相关著作论文的阅读
		（2）周三到周四下班之后完成读书笔记的整理，形成演讲提纲
		（3）周五下班后，根据提纲完成演讲稿的撰写
		（4）周六上午完成PPT的制作，并二次确认演讲流程
		（5）周日下午按时进行演讲
	3. 在每段碎片时间的工作中，通过设置番茄闹钟等方式，提醒自己专心工作	
	4. 在完成演讲工作后，对本次碎片时间的工作过程进行复盘	

通过上面的例子，大家可以发现瑞士奶酪法的3个优点：

（1）简单易上手：在每天繁忙的工作中抽出一整段时间不容易，但是上下班途中和饭后睡前的十几分钟还是很容易抽出来的；

（2）减少焦虑感：一整段时间内所要完成的工作往往会给我们带来焦虑，但是十几分钟就可以完成的工作，可以让我们在心理上更加容易接受；

（3）提高完成效率：通过不断地完成瑞士奶酪上每个小孔的工作，一项大的任务也可以按时分解完成。

【时间管理技巧】

在瑞士奶酪法的实施过程中，也贯穿了很多项目管理的理念，主要有以下3个方面：

（1）嵌入式

当完成一项工作还没有开始下一项工作时，中间一般会有一段空闲时间。这段时间可能是5分钟，也可能是30分钟，如果加以利用，也是一笔不小的时间资源。

嵌入式就是将这段时间充分利用起来。例如，写完一封会议纪要，还没有开始下一个会议的空闲时间中，可以去回复一封邮件，也可以做一下最近的工作总结。

（2）并列式

当完成一项任务的时候，可能会花费很多时间在等待上。并列式就是在进行任务的同时，把等待的时间充分利用起来，在一个时间段里同时做两件事或者多件事。例如，在等待其他同事提交数据结果的时候，提前设想一下不同的数据体现出的结论。

（3）积累式

当完成一项工作的时候，如果没有一整段的时间来完成，积累式就是一个不错的想法，通过很多零碎时间来完成一项工作，不论是饭后的休息时间，还是下班路上的时间，积累这些碎片时间，也可能完成一项任务。

自我训练

瑞士奶酪法可以适用的场景非常多，我们可以按照下面的表格，安排一项你想用碎片时间来完成的事项。

<table>
<tr><th colspan="3">瑞士奶酪时间表（表 14）</th></tr>
<tr><th></th><th>序号</th><th>内容</th></tr>
<tr><td rowspan="2">近期目标</td><td>1.</td><td></td></tr>
<tr><td>2.</td><td></td></tr>
<tr><td rowspan="13">步骤</td><td rowspan="6">1. 将目标分解为若干个可以分阶段执行的步骤</td><td>（1）</td></tr>
<tr><td>（2）</td></tr>
<tr><td>（3）</td></tr>
<tr><td>（4）</td></tr>
<tr><td>（5）</td></tr>
<tr><td>（6）</td></tr>
<tr><td rowspan="5">2. 利用“瑞士奶酪法”找出每一个可以利用的时间段</td><td>（1）周一到周二：</td></tr>
<tr><td>（2）周三到周四：</td></tr>
<tr><td>（3）周五到周六：</td></tr>
<tr><td>（4）周日：</td></tr>
<tr><td>（5）其他：</td></tr>
<tr><td>3. 工作实际进度</td><td></td></tr>
<tr><td>4. 工作过程复盘</td><td></td></tr>
</table>

4. 三要素&五原则——碎片化学习的要旨

经过前3节的学习，大家对碎片时间的使用已经有了初步的概念，但实际执行起来往往没有那么容易，包括我自己在内，也会因为种种因素，无法按照原计划完成事项。

即使按照瑞士奶酪法整理出碎片时间，也会因为身心状态不佳或者碎片时间不足等因素，最终无法达到预期的目标。因此，我们还要学会如何合理利用每一段碎片时间，这里可以逐一了解碎片化学习的三要素。

首先应该知道的是，人类是无法保持24小时不间断工作的，也无法100%按照计划好的时间去完成事项，我们所要做的是不断提高自身的专注力，提高碎片时间的使用效率，尽可能地提高自己工作的完成效率，这也是碎片化学习三要素的原因。

（1）身心状态和专注力

身心状态直接决定了碎片时间的利用率。试想，如果每天结束工作之后已经身心疲惫，那么即使有整段的时间，工作效率也不会太高，更何况是忙里抽闲的碎片时间。

所以，在身心状态不佳、无法专注工作时，不妨把所有的碎片时间拿来休息，好好放空，才能更好地投入日常工作中。

如果身心状态良好，可以在碎片时间中继续投入精力，就可以根据碎片时间的长短来安排工作。

（2）碎片时间长短

在本章第1节中，已经按照碎片时间的长短帮大家初步梳理了适合做的事情，在碎片化学习三要素中，碎片时间的长短依然是不可忽视的一部分。我们可以通过以下表格来罗列自己在一天中有哪些碎片时间，并不断发现可能疏忽的碎片时间。

这个表格中包括5个变量，分别为：原计划时间、工作事项、实际时间、碎片时间、碎片事项，其中计划时间和实际时间可以以半个小时为一个时间段，将每天8小时的工作时间分为16个小的时间段，比如2020年1月2日的表格，如下所示：

碎片时间长短表				
时间：2020/1/2				
原计划时间	工作事项	实际时间	碎片时间	碎片事项
7:00—8:30	锻炼身体	7:00—8:00	8:00—8:30	阅读公众号
10:00—11:30	整理资料	10:00—11:00	11:00—11:30	背单词

从上图中，可以发现每个时间段之间的碎片时间长短，以及在切换工作时的碎片时间适合用来做什么。

（3）碎片事项

在本节中，我们将在碎片时间中完成的事项称为“碎片事项”。从上图中，根据碎片事项的不同，我们可以分为以下几类：

①日常要处理的常规事项

不管是工作还是生活，我们都需要处理很多的常规事情，有时候需要打电话，有时候需要回复微信消息，这些事项往往不会耗费太多的时间，但又需要处理，我们可以将其放在工作切换的碎片时间中。

②杂事

之所以称其为“杂事”，是因为这些事情可能和工作无关，对于生活的影响也不大，整体优先级不是很高，但迟早需要处理，比如在淘宝上购买零食，缴纳水电费，给家人打电话等。这些事情可以放在睡前统一梳理一下。

③收集资料等前置工作

使用碎片时间学习知识是最常见的，但在学习系统化知识的时候，最好用碎片时间来提前收集资料，避免不连续的时间打断系统学习的思考过程。

由于收集资料时不用进行太多的思考，所以对于时间的连续性和集中性的要求较低，使用碎片时间完成整理资料的前置工作之后再进行系统的学习，一举两得。

④马上要进行的后置事情

比如，下午即将召开一个重要会议，但是相关的会议材料还没有准备好，在中午休息的2个小时内，就可以用一部分时间来准备会议材料，熟悉会议流程，可能在这段碎片时间内无法完成所有的准备工作，但是可以大大减轻下午工作的紧迫感。

将碎片时间按照以上几个要素进行简单归类之后，我们就可以对症下药，根据三要素来好好利用一天内的碎片时间了。

（1）分门别类

根据碎片化学习的第一个要素，每个人的专注力都是有限的，碎片时间只是补充整段时间的因素，我们首先要做的是尽可能地利用整段时间去完成需要集中精力的事情。

所以，在开始碎片化学习之前，我们需要将今天最重要的2—3件事情梳理出来，并标明它们预计占用的时间，这样才能推断碎片时间的分布。

当天最重要的2—3件事情
（1）完成第三季度供应商合同的签订
（2）完成第三季度KPI的制定
（3）开始测试工作的安排部署

（2）化整为零

经过分门别类之后，我们可以看到，这3件事情都需要花费整段的时间进行开会或者讨论，其中第1件事情和第2件事情可以集中在上午完成，第3件可以在下午和晚上完成。

而在这3段时间之外，按照碎片事项的分类，我们又可以梳理出一些不是那么重要的事情并进行分解。

重要事情分解
（1）打电话约供应商前来洽谈
（2）与组内成员确定KPI的内容、指标、完成时间和完成计划

续表

重要事情分解
(3)联系测试场地，确定测试时间，并联系测试样品的接受、送货、签收人员
(4)整理昨天还没有完成的PPT材料
(5)完成下个季度的产品市场调研
(6)部门的其他事宜

(3)合理排序

当我们把所有的事项都罗列出来时，可能一瞬间会产生脑子不够用的错觉。对于没有进行排序的碎片事项来说，这些事项就像一团乱麻，让我们在做事之前就承受了很大的心理负担。

那么，我们要如何把上面的碎片事项进行排序呢？按照碎片化学习三要素，我们可以按照以下标准进行排序。

碎片化任务排序	
(1)常规事项/前置事项+耗时较短+常规事项/前置事项	需要优先完成的事项，如果工作切换的时间耗时较短，就可以短暂地休息一下，继续没有完成的工作
(2)杂事+耗时较短+常规事项/前置事项	做完不重要的杂事之后，有需要开展的前置事项，则可以利用较短的碎片化时间进行材料的准备或者思路的梳理，确保在开展常规事项/前置事项后，不用再回头思考怎么做
(3)杂事+耗时较长+常规事项/前置事项	如果做完杂事之后，需要经过相当长的时间才会开展常规事项/前置事项，那么这段时间就可以用来学习，或者完成一些个人事情

续表

碎片化任务排序	
（4）常规事项/前置事项+耗时较长+后置事项	比如，作为会议的筹办人员，在完成前置事项后，需要经过相当长的会议时间，才会进行会议的后置事项，那么会议时间就作为碎片时间的一种，可以用于处理其他事情
（5）常规事项/前置事项+耗时较短+后置事项	如果会议时间相对较短，那么这段时间可以做的事情就非常有限，可以处理一些杂事
（6）常规事项/前置事项+耗时较长+常规事项/前置事项	做完前置事项后，如果需要相当长的时间才能继续完成前置事项，那么前置事项就没有那么迫切，这段碎片时间也可以用于处理杂事或者其他常规事项

按照这6种分类，可以将上面的6件事情分别填入表格中，如下所示：

碎片化任务排序	
（1）常规事项/前置事项+耗时较短+常规事项/前置事项	打电话约供应商前来洽谈。给每个供应商打电话并等待确认时，可以进行短暂的休息
（2）杂事+耗时较短+常规事项/前置事项	联系测试场地，确定测试时间，并联系测试样品的接受、送货、签收人员。整理昨天还没有完成的PPT材料
（3）杂事+耗时较长+常规事项/前置事项	无
（4）常规事项/前置事项+耗时较长+后置事项	无
（5）常规事项/前置事项+耗时较短+后置事项	与组内成员确定KPI的内容、指标、完成时间和完成计划

续表

碎片化任务排序	
（6）常规事项/前置事项+耗时较长+常规事项/前置事项	完成下个季度的产品市场调研。部门的其他事宜

通过以上分类，就可以明确哪些时间可以用于碎片化学习，以及这些碎片化学习的时间应该如何排序。

接下来，我们讲一下碎片化学习的5个原则。对于大多数人来说，碎片化学习并不是一件难事，只是很多人不知道如何利用碎片化时间。

在学习工作的间隙，很多人更愿意使用各种App去kill time，他们可以对着微信的好友界面划来划去，点开朋友圈又关上，或者一遍一遍地刷搞笑视频，却没有想过做点其他的事情来进行自我提升。

使用碎片化时间不会是额外的负担，只会减少每天的总工作量。在我们把一项整体工作逐步分解并安排碎片化时间完成后，我们可以有更多的空闲时间去阅读和休息，而不是一边焦虑，一边不停地浪费时间。

【时间管理技巧】

关于碎片化学习的部分，我总结了以下5个原则，帮助大家在日常学习中更好地利用碎片时间。

（1）凡事不要拖，拒绝拖延症

很多人喜欢拖延，或者是偷懒。在很快可以解决一个问题的时候选择拖延，这样待办事项就会不断积累。

清单上的待办事项不会因为拖延而消失，所以重要的事情一定要利用合适的时间尽快处理。如果一件事情比较耗时，要做好规划，利用碎片时间搞定它。

（2）用笔不“用脑”，善用小便笺

每天要做的事尽量在小便笺上写下来。“好记性不如烂笔头”，随着工作越来越多，难免会疏漏一些小事。写在便笺上，当有碎片时间的时候，可能顺手就做完了。

（3）珍惜整段时间

很多时候，碎片时间不是被动产生的，而是在我们做事的时候自然产生的。很多人在工作的时候一会儿看一下微信，一会儿刷一下网页，这种行为导致大量碎片时间的产生，也降低了自己的工作效率。

所以，在拥有整段时间的时候，最好可以使用整段时间去完成重要的事情，尽量不去看网页、看微信或者玩游戏，定期地检查邮件，以免整段时间被这些事情打断。

（4）碎片化时间，系统性学习

虽然我们使用碎片时间来完成很多事情，但这并不意味着我们的学习成果也是碎片化的。在完成学习或工作后，我们需要定期整理碎片时间的学习成果，让这些知识成果条理化、清晰化、系统化，方便我们在之后的学习工作中可以随时调用。

（5）劳逸结合，张弛有度

合理利用碎片时间是节约时间的表现，但也需要遵循劳逸结合的原则，不能把所有的碎片时间都填满工作、学习，比如短的碎片时间可以用来休息。如果把碎片时间都用来工作、学习，可能会提前透支精力，适得其反，无法取得好的效果。

自我训练

本节碎片化学习的知识点主要集中在碎片化事项的排序上，排序不仅涉及碎片化学习的内容，还涉及整段时间的内容，所以这一节碎片化学习的训练内容会相对多一些。

（1）梳理最重要的2—3件事情；

当天最重要的2—3件事情（表15）
（1）
（2）
（3）

（2）将可以利用碎片时间完成的事情进行分解；

重要事情分解（表16）
（1）
（2）
（3）

续表

重要事情分解（表16）
（4）
（5）
（6）

（3）将可以利用碎片时间完成的事情进行排序；

碎片化任务排序（表17）	
（1）常规事项/前置事项+耗时较短+常规事项/前置事项	
（2）杂事+耗时较短+常规事项/前置事项	
（3）杂事+耗时较长+常规事项/前置事项	
（4）常规事项/前置事项+耗时较长+后置事项	
（5）常规事项/前置事项+耗时较短+后置事项	
（6）常规事项/前置事项+耗时较长+常规事项/前置事项	

5. 睡眠时间——你唯一不能克扣的时间

本章最后一节，我们来聊一聊睡眠的问题。

说到这里，你可能会有些迷惑：睡眠有什么好聊的，累了倒头就睡，不就行了?

现在有很多年轻人白天要加班赚钱或者有其他原因，不能在白天静下心来做的事情大多会留到晚上做。于是有了熬夜学习、熬夜打游戏，按时睡眠反而成了一件很奢侈的事情。

对于人类而言，睡眠是保证身体机能最佳运转状态的必要条件。缺乏睡眠会严重影响我们的表现、专注力以及工作节奏。如果没有足够的睡眠，别说碎片化学习了，整段的学习时间都会很困难。

之前介绍了各种管理时间的表格，希望通过这些表格多创造相当于一天的高效工作时间，但减少睡眠绝不是一种解决办法。

人类的睡眠可以分为深睡（大脑进入Rapid eye movement sleep-REM状态，眼球运动加快，会做梦）和浅睡（大脑不在

REM状态，即non-REM）两种。一个完整的睡眠循环是从non-REM到REM，再到non-REM，这个周期大概需要90分钟。我们夜间的所有睡眠时间中，REM约占25%，non-REM约占75%。

也就是说，我们每天需要确保的睡眠时间是7—8个小时，其中夜间睡眠确保7个小时。良好的夜间睡眠不但有助于我们的新陈代谢，而且能让大脑吸收和梳理白天接收到的信息，这也是我们人类最重要的休息方式。千万不要把睡眠时间也作为碎片时间的一部分，在应该睡觉的时候反而去学习或工作，这样只会得不偿失。

除了晚上的7—8个小时睡眠时间，中午最好也能午休，这样可以很快恢复精力和学习能力。一般来说，10分钟的午休时间就可以改善醒来之后2个小时左右的精神效果。

类似午休的这种短时睡眠也适用于其他时间段，如果每天长期从事高强度的脑力活动，差不多每隔3—4个小时就需要休息10分钟，以保证我们充沛的精力和学习能力。

基于以上的注意事项，我们可以拟定一个这样的作息时间表。

作息时间表								
时间	周一	周二	周三	周四	周五	时间	周六	周日
7:30—8:00	洗漱早餐	洗漱早餐	洗漱早餐	洗漱早餐	洗漱早餐	8:00—8:30	洗漱早餐	洗漱早餐
8:00—10:00	工作	工作	工作	工作	工作	8:30—10:00	娱乐	娱乐

续表

作息时间表								
时间	周一	周二	周三	周四	周五	时间	周六	周日
10:00—10:15	休息	休息	休息	休息	休息	10:00—11:00	学习	学习
10:15—12.00	工作	工作	工作	工作	工作	11:00—11:15	小休	小休
12:00—13:00	午饭	午饭	午饭	午饭	午饭	11:15—12:30	午饭	午饭
13:00—14:00	午休	午休	午休	午休	午休	12:30—13:30	午休	午休
14:00—15:00	工作	工作	工作	工作	工作	13:30—16:00	自由安排	自由安排
15:00—15:15	休息	休息	休息	休息	休息			
15:15—17:00	工作	工作	工作	工作	工作	16:00—16:30	运动	运动
17:00—17:30	晚饭	晚饭	晚饭	晚饭	晚饭	16:30—17:00	休息	休息
17:30—18:00	休息	休息	休息	休息	休息	17:00—18:00	晚饭	晚饭
18:00—19:00	学习	学习	学习	学习	学习	18:00—19:00	学习	学习
19:00—19:30	运动	运动	运动	运动	运动	19:00—19:30	运动	运动
19:30—20:30	娱乐	娱乐	娱乐	娱乐	娱乐	19:30—21:30	自由安排	自由安排
20:30—21:00	阅读	阅读	阅读	阅读	阅读			

续表

作息时间表								
时间	周一	周二	周三	周四	周五	时间	周六	周日
21:00—22:00	自由安排	自由安排	自由安排	自由安排	自由安排	21:30—22:30	自由安排	自由安排
22:00—22:30	洗漱	洗漱	洗漱	洗漱	洗漱	22:30—23:00	洗漱	洗漱
22:30—7:30	睡眠	睡眠	睡眠	睡眠	睡眠	23:00—8:00	睡眠	睡眠

在表格中，是不是感觉一天的时间除了工作之外，可以用来休息和睡眠的时间还是挺多的，在中午和工作间隙都可以腾出一小段的时间进行休息，以提高白天的工作效率。

在22:30之后，虽然很多人调侃“看专业课有助睡眠”，但实际上，在22:30之后，应该尽量减少脑力活动，使大脑的活动减少，以便较快地进入睡眠。睡眠不好的小伙伴还可以睡前1小时喝杯热牛奶帮助睡眠。

【时间管理技巧】

关于睡眠这门学问，市面上也有很多App帮助大家统计分析睡眠情况，常见的智能手环大多也有监测睡眠质量的功能。

除了硬件产品之外，“蜗牛睡眠”等App也可以分析睡眠状态，监测睡眠质量，在你规定的时间把你叫醒，避免睡醒之后的疲劳。

（1）可以在蜗牛睡眠中设置自己起床的闹钟时间。

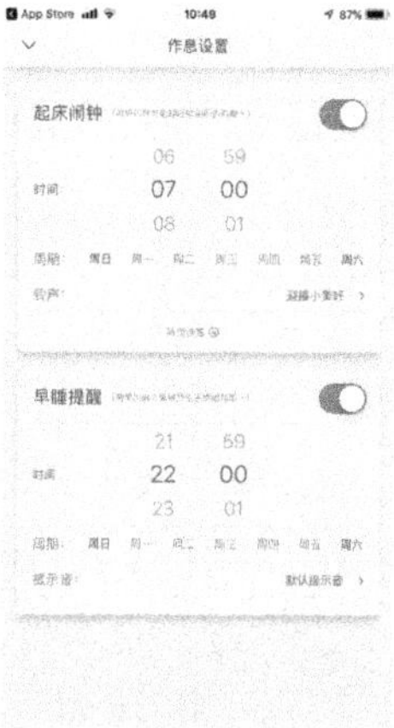

蜗牛睡眠作息设置

（2）在睡觉时，App会自动记录你的作息频率和时间长度，并在第二天提供反馈数据。

（3）初次使用时，只要把手机放在枕边即可。

蜗牛睡眠质量检测

（4）通过统计分析用户的睡眠质量，蜗牛睡眠在报告中检测了“天、周、月”基本睡眠情况，还可以订制睡眠方案来改善睡眠质量。

自我训练

本节中的作息时间表给大家保留了很大的自由度。如果之前没有制订过自己的作息计划和睡眠计划，就可以按需修改这个表格来管理自己的睡眠时间。

<table>
<tr><th colspan="9">作息时间表（表18）</th></tr>
<tr><th>时间</th><th>周一</th><th>周二</th><th>周三</th><th>周四</th><th>周五</th><th>时间</th><th>周六</th><th>周日</th></tr>
<tr><td>7:30—
8:00</td><td></td><td></td><td></td><td></td><td></td><td>8:00—
8:30</td><td></td><td></td></tr>
<tr><td>8:00—
10:00</td><td></td><td></td><td></td><td></td><td></td><td>8:30—
9:00</td><td></td><td></td></tr>
<tr><td>10:00—
10:15</td><td></td><td></td><td></td><td></td><td></td><td>10:00—
11:00</td><td></td><td></td></tr>
<tr><td>10:15—
12.00</td><td></td><td></td><td></td><td></td><td></td><td>11:00—
11:15</td><td></td><td></td></tr>
<tr><td>12:00—
13:00</td><td></td><td></td><td></td><td></td><td></td><td>11:15—
12:30</td><td></td><td></td></tr>
<tr><td>13:00—
14:00</td><td></td><td></td><td></td><td></td><td></td><td>12:30—
13:30</td><td></td><td></td></tr>
<tr><td>14:00—
15:00</td><td></td><td></td><td></td><td></td><td></td><td rowspan="2">13:30—
16:00</td><td rowspan="2"></td><td rowspan="2"></td></tr>
<tr><td>15:00—
15:15</td><td></td><td></td><td></td><td></td><td></td></tr>
</table>

续表

作息时间表（表18）								
时间	周一	周二	周三	周四	周五	时间	周六	周日
15:15—17:00						16:00—16:30		
17:00—17:30						16:30—17:00		
17:30—18:00						17:00—18:00		
18:00—19:00						18:00—19:00		
19:00—19:30						19:00—19:30		
19:30—20:30						19:30—21:30		
20:30—21:00								
21:00—22:00						21:30—22:30		
22:00—22:30						22:30—23:00		
22:30—7:30						23:00—8:00		

第三章

目标管理
——没有目标的人生跟咸鱼有什么区别

1. 人生地图——每一个人生阶段应该完成什么使命

唉，工作太烦了，刷会儿短视频吧。

没事，我今天玩游戏，明天再学习。

这几天太累了，就不去健身了，改天再说吧。

多睡一会儿吧，睡醒了才更有精神干活。

上面这几种情况是否时不时会在你身上出现?

现代人经常陷入焦虑的怪圈，一方面经常为了未来可能发生的风险而焦虑发愁，另一方面又看一下午朋友圈，刷短视频到深夜。

但实际上，人生的长度是有限的，我们每个人都难免焦虑，但是如果在每个生命阶段都完成了相应的人生使命，就没有什么可担心的了。

人生地图就是用100个小方格，把人生不同阶段的目标罗列出来的一种方式。在每个方格里，我们需要列出期望达成的目标，这样可以一目了然地知道，在一生中还剩余多少时间可以去实现梦想。

人生地图						
1	2	3	4	5	6	7
8	9	10	11	12	13	14
15	16	17	18	19	20	21
22	23	24	25	26	27	28
29	30	31	32	33	34	35
36	37	38	39	40	41	42

（注：为了方便展示，上图仅展示至42岁。）

如果你今年已经25岁，那么前24个方格就已经作废。如果你计划在30岁成为一名职业经理人，那么你只剩下5年的时间可以努力了。

当你一笔一笔地划掉之前的24个格子时，可能会感到时光飞逝，毕竟距离自己30岁的目标没剩下几年，甚至自己的人生已经过去了四分之一。

但当你慢慢罗列出40岁、50岁、60岁的人生目标时，你又会觉得自己还有时间去实现更长远的梦想，而此时此刻，应该做的是付诸行动，踏踏实实地为自己的目标而努力，而不是一边焦虑，一边浪费时间。

使用人生地图标注每个年龄段想要达到的目标之后，接下来就是如何一步步实现这些目标了。我们同样可以用“时光轴”的方式来规划。

比如，你计划在5年后成为一名职业经理人，而现在不过是一名普通的运营人员，没有资历，没有高薪，是该辞职还是继续干呢？

时间规划的宗旨在于：通过这5年的规划，如何达到你想要的目标。

如果现在你只是一名普通的运营人员，那么你的时光轴应该是怎样的呢？

时光轴		
年龄	时间	期望值
20岁	2020年	积极参与公司的运营项目，全面了解部门和公司的运营模式
21岁	2021年	成为公司内部优秀的运营人员，培养承担项目的能力
22岁	2022年	将运营能力内化为完整的知识体系，成为项目的负责人
23岁	2023年	运营公众号或自媒体，持续输出运营知识，成为行业内的“大V”
24岁	2024年	成为团队的负责人，在职位和资历上获得大幅提升

所以，可能你目前还只是一个普通的运营人员，但是在你的时光轴中，它是实现下一个目标的前置事项，这时候应该做的就是继续坚持下去。

通过时光轴上每一个阶段应该做的事情，我们甚至可以规划出80岁的时候应该如何将梦想付诸行动。

很多时候，我们在梳理某个时间段的工作学习成果时，虽然内心觉得某件事情、某个目标非常重要，但在做的过程中常常出现自我怀疑，于是不自觉地犯了拖延症，然后人生地图上的某个坐标也变成了遗憾。

这时候，我们需要借助时光轴明确每个时间段的意义，比如希望在下一个月重新学习英语，那么重新学习英语的意义有哪些呢？

（1）能够帮助你在职业生涯和工作跳槽中有竞争优势。

（2）能够帮助你看懂更多的美剧和英文小说。

（3）能够与国外的客户顺利进行交流，便于工作开展。

明确了学习英语的意义，接下来就是把它记在时光轴上，朝着这个目标出发吧。

【时间管理技巧】

很多人在制定人生地图的时候，会对长时间的目标设定感到迷惑——我今年才20岁，怎样才能知道40岁的时候想做什么呢？

其实没必要担心，人生地图是一个持续的过程，是有可能随时改变的，如果人生地图的内容错误或者要求不符合实际，就需要有意识地进行修订。

但在最开始制定人生地图的时候，一定要注意用笔写下来。当你的人生地图出现在纸上的时候，你一定会更加重视自己的人生地图，而不会让它变成一张废纸。

当人生地图成为你完成一项事情的指南时，不但会减少你不必要的矛盾心理，还会使你的注意力更为专注、集中。当一步一步达成自己每个阶段的人生目标后，自然会更进一步地创造你人生的预期。

总而言之，人生地图是把你存在或者潜在的需要、愿望或者任务，都以文字精确地描述出来，然后均匀地分布到接下来相当长的一段时间里。接下来，你的所作所为都严格按照人生地图的走向来执行，当你集中力量执行人生地图上的每一个小方格时，就可以专注于把目标变为现实。

自我训练

对每个人而言，定期审视人生地图和制定时光轴都是很必要的时间管理方法。你也来试试吧！

（1）人生地图

人生地图						
1	2	3	4	5	6	7
8	9	10	11	12	13	14
15	16	17	18	19	20	21
22	23	24	25	26	27	28
29	30	31	32	33	34	35
36	37	38	39	40	41	42

（2）时光轴（短期）

时光轴 · 短期（表19）		
年龄	时间	期望值
20岁	2020年	
21岁	2021年	
22岁	2022年	
23岁	2023年	
24岁	2024年	

（3）时光轴（长期）

时光轴 · 长期（表20）		
年龄	时间	期望值
20岁	2020年	
30岁	2030年	
40岁	2040年	
50岁	2050年	
60岁	2060年	

2. 目标设计——如何从长期目标细化到短期目标

通过人生地图的长期规划后，接下来我们需要将目标进一步细化到每一年、每一月、每一周，保证长期目标足够远大，中期目标有挑战性，短期目标足够细化。

（1）长期目标

只有长期目标或者只有短期目标都不会产生长期的激励作用。在前期规划的长期目标大多是宏观的目标，让大家确定最终的目的地，并坚持走下去。我们可以从事业、生活（财富、家庭生活、人际关系）、学习成长等几个方面出发。我们以下面的长期目标表为例。

<table>
<tr><th colspan="2">长期目标表</th></tr>
<tr><td>长期目标：</td><td>人生终极目标（60岁以后）</td></tr>
<tr><td colspan="2">目标陈述：家庭美满，收入稳定，有不错的人脉</td></tr>
<tr><td rowspan="2">长期目标（10年内）</td><td>期限：10年内成为业内领袖</td></tr>
<tr><td></td></tr>
</table>

续表

长期目标表	
中期目标（5年内）	期限：5年内获得职业稳定发展
近期目标（1—3年内）	期限：3年内掌握专业知识，提高技能

注：人生规划包括事业、生活（财富、家庭生活、人际关系）、学习成长等方面。

（2）中期目标

在中期目标阶段，最好的办法是结合自身现阶段的情况，以及未来想要达到的状态来制定中期目标。

未来想要做到什么岗位，拿到多少薪水；

为了达到中期目标需要采取哪些行动；

计划在这些目标的实现上投入多少时间；

……

这些都可以反映在中期目标表和年度目标表中，如下所示：

中期目标表			
时间	**人生目标（60岁以后）**	**长期目标（10年内）**	**中期目标（5年内）**
事业	事业成功，安稳退休	专业人士	项目管理者
财富	车房俱全，稳定收入	购房，年薪60万元	购车，年薪40万元
家庭生活			

续表

中期目标表			
时间	人生目标（60岁以后）	长期目标（10年内）	中期目标（5年内）
人际关系			
学习成长			

年度目标表					
类别	序号	目标内容	方法和措施	起止时间	是否完成
事业目标	1	专业知识	阅读书籍、学习视频	1—12月	是
	2	团队管理	阅读书籍，工作实践	1—12月	是
	3	……			
	4				
	5				
	6				
财富目标	1	固定资产	购买车辆	5月	否
	2	薪资收入	增幅20%	6月	否
	3	……			
	4				
	5				
家庭生活	1	放松休闲	外出旅游	8月	否
	2	……			
	3				

续表

年度目标表					
类别	序号	目标内容	方法和措施	起止时间	是否完成
	4				
	5				
	6				
人际关系	1	增加人脉	参加行业沙龙	1—12月	是
	2	……			
	3				
	4				
学习成长	1	阅读书籍	阅读书单上的书籍	1—12月	否
	2	……			
	3				
	4				

针对每个设定的目标，再通过目标设定表来完成进一步的细分，提升达成目标的决心和信心，如下所示：

目标设定表	
第1步：认定目标	专业知识的提升
第2步：目标必要性	（1）职场压力日益提升，需要不断提升专业知识以应对竞争 （2）在职场中不能放松个人提升，非常有必要坚持学习 ……

续表

目标设定表	
第3步：目前起始点	（目前境况，请排序） （1）有一定的工作经验，可以针对性地进行提升 （2）专业知识有一定遗忘，需要加强巩固 ……
第4步：障碍	（目前境况，请排序） （1）时间不充足，只能利用碎片时间进行学习。 （2）专注力不够，经常被其他事情干扰 ……
第5步：所需的知识与技能	（请排序） （1）专注力训练 ……
第6步：所需个人，团体，组织	（请排序）
第7步：解决障碍的办法	（不少于5种解决方法）
第8步：行动期限	
第9步：行动计划	（所需时间及行动）

序号	时间	行动简述	是否完成
1	1—12月	阅读专业书籍	完成
2	1—6月	通过认证考试	完成

续表

<table>
<tr><th colspan="5">目标设定表</th></tr>
<tr><td>3</td><td></td><td colspan="2"></td><td></td></tr>
<tr><td>4</td><td></td><td colspan="2"></td><td></td></tr>
<tr><td>5</td><td></td><td colspan="2"></td><td></td></tr>
<tr><td>6</td><td></td><td colspan="2"></td><td></td></tr>
<tr><td>7</td><td></td><td colspan="2"></td><td></td></tr>
<tr><td>8</td><td></td><td colspan="2"></td><td></td></tr>
<tr><td>9</td><td></td><td colspan="2"></td><td></td></tr>
<tr><td>10</td><td></td><td colspan="2"></td><td></td></tr>
<tr><td>11</td><td></td><td colspan="2"></td><td></td></tr>
<tr><td>12</td><td></td><td colspan="2"></td><td></td></tr>
<tr><td>13</td><td></td><td colspan="2"></td><td></td></tr>
<tr><td>14</td><td></td><td colspan="2"></td><td></td></tr>
<tr><td>15</td><td></td><td colspan="2"></td><td></td></tr>
<tr><td>16</td><td></td><td colspan="2"></td><td></td></tr>
<tr><td>17</td><td></td><td colspan="2"></td><td></td></tr>
<tr><td>18</td><td></td><td colspan="2"></td><td></td></tr>
<tr><td>19</td><td></td><td colspan="2"></td><td></td></tr>
<tr><td>20</td><td></td><td colspan="2"></td><td></td></tr>
<tr><td colspan="5">附注：行动计划分解到每月、周目标</td></tr>
<tr><td></td><td></td><td></td><td></td><td></td></tr>
</table>

这样通过不断达成一个又一个中期目标，不断提高自己的学习能力，就有可能达成人生的最终目标。

（3）短期目标

大部分人无法完成既定的目标并不是因为高估了自己的能力，而是没有把长期目标分解为短期目标，导致好高骛远，既定的目标无法逐一落地。

所以，初期的目标必须逐层分解，从短期目标逐步提高目标水平，才能真正向掌握时间管理的方向发展。

为了实现中期目标和长期目标，必须坚持每一个短期目标，通过一个个小目标的达成，实现自我实现的激励作用。

可以想象，完成1个日目标的时候，我们可能有些许的欣喜，而当30个日目标积累成1个月目标的时候，我们可能会获得一定的成就感。

月目标				
类别	重要级别	目标内容 （1）请参照“目标设定表” （2）请于每月1日前规划	方法和措施	是否完成
事业目标	重要	专业技能的提高	完成认证考试书籍的第一遍阅读	否
	一般	认证考试的资料准备	梳理资料	否

续表

月目标				
类别	重要级别	目标内容 （1）请参照“目标设定表” （2）请于每月1日前规划	方法和措施	是否完成
理财计划				
家庭生活				
学习成长				
人际关系				
健康休闲				

■本月目标总结：（1）目标是否完成？（2）为什么？（3）有什么新的感想？
■未完成目标的原因和障碍
■克服障碍的对策和方法
■本月创新与收获

周目标						
序号	上周目标内容	是否完成	未完成的原因和障碍	对策和方法	本周目标	期限
1	认证考试书籍的第一遍阅读	否	时间不足	抓紧碎片时间	完成阅读	3天
2						
3						

续表

周目标						
4						
5						
6						
7						
8						
9						
10						
11						
12						
13						
14						
15						
16						
17						
18						
19						
20						
本周其他目标：						
理财计划：选择合适的货币基金，投入月收入的20%						
家庭生活：与家人去近郊公园散心						
学习成长：暂无						
人际关系：暂无						
健康休闲：完成累计10km的跑步里程						

日目标								
2020年1月1日					年 月 日			
分类	起止时间	■今日事项（A：最重要；B：重要；C：次重要）	是否完成		分类	起止时间	■今日事项（A：最重要；B：重要；C：次重要）	是否完成
家庭生活	16：00—18：00	A：与家人聚餐	是		A			
学习成长	20：00—21：00	A：视频课程的学习	是					

续表

日目标								
今日进步：					今日进步：			
今日反省：					今日反省：			
改进承诺：					改进承诺：			

【时间管理技巧】

对于习惯用日期格式来管理时间的人来说，也可以用如下的月目标管理表进行时间管理，这个表默认每天需要完成的事情相对规律，同时结合了周目标管理和日目标管理，可以替代上面3个表格中的部分内容。

月目标管理表

时间		早晨						白天			晚上			总结		
		7:30 起床	洗漱 10 分钟	晨练 20 分钟	整理 10 分钟	饮食 30 分钟	家庭卫生	工作计划	午休30分钟	阅读	阅读学习	锻炼身体	聊天时间	学习	是否完成	计划
第一周	周一															
	周二															
	周三															
	周四															
	周五															
	周六															
	周日															
	总结															
第二周	周一															
	周二															
	周三															
	周四															
	周五															

续表

月目标管理表																
	周六															
	周日															
	总结															
第三周	周一															
	周二															
	周三															
	周四															
	周五															
	周六															
	周日															
	总结															
第四周	周一															
	周二															
	周三															
	周四															

续表

月目标管理表															
	周五														
	周六														
	周日														
	总结														
第五周	周一														
	周二														
	周三														
	周四														
	周五														
	周六														
	周日														
	总结														
……															

（备注：做到的内容打√，未做到的内容填写实际完成情况）

自我训练

从长期目标分解到中期目标，再分解到短期目标，是一件乍一看很困难的事情，但是当你按照下面的表格做过几次分解之后，就会游刃有余。

从年到月，从月到周，再从周到日，循序渐进，把每天的所做和所得都做一个记录，才能不断提高自己的工作能力。

年度目标表（表21）

类别	序号	目标内容	方法和措施	起止时间	是否完成
事业目标	1				
	2				
	3				
	4				
	5				
	6				
财富目标	1				
	2				
	3				
	4				
	5				
家庭生活	1				
	2				

续表

年度目标表（表21）					
类别	序号	目标内容	方法和措施	起止时间	是否完成
家庭生活	3				
	4				
	5				
	6				
人际关系	1				
	2				
	3				
	4				
学习成长	1				
	2				
	3				
	4				

月目标（表22）				
类别	重要级别	目标内容 （1）请参照“目标设定表” （2）请于每月一日前规划	方法和措施	是否完成
事业目标				

续表

月目标（表22）				
类别	重要级别	目标内容 （1）请参照“目标设定表” （2）请于每月一日前规划	方法和措施	是否完成
理财计划				
家庭生活				
学习成长				
人际关系				
健康休闲				

■本月目标总结：（1）目标是否完成？（2）为什么？（3）有什么新的感想？
■未完成目标的原因和障碍
■克服障碍的对策和方法
■本月创新与收获

周目标（表23）						
序号	上周目标内容	上周目标是否完成	未完成的原因和障碍	对策和方法	本周目标	期限
1						
2						
3						
4						

续表

周目标（表23）						
序号	上周目标内容	上周目标是否完成	未完成的原因和障碍	对策和方法	本周目标	期限
5						
6						
7						
8						
9						
10						
11						
12						
13						
14						
15						
16						
本周其他目标：						
理财计划：						
家庭生活：						
学习成长：						
人际关系：						
健康休闲：						

日目标（表24）							
年 月 日				年 月 日			
分类	起止时间	■今日事项（A：最重要；B：重要；C：次重要）	是否完成	分类	起止时间	■今日事项（A：最重要；B：重要；C：次重要）	是否完成
今日进步：				今日进步：			
今日反省：				今日反省：			
改进承诺：				改进承诺：			

3. 目标评估——适合自己的才是最优目标

在长期、中期和短期目标的制定过程中，必须考虑一个前提条件，那就是个人的自身条件。比如，你目前有拖延症，那么制定目标不仅可以督促你完成目标，还可以在潜移默化中帮助你纠正缺点，巩固优点，避免容易犯的错误。

下面的目标评估表就是事先考虑个人的优缺点，以及期望达到的职位和收入，从而制定适合自己的最优目标。比如，对于一个刚进入互联网行业的新人来说，他的现状评估表可能是下面这样的。

现状评估表		
我的现状		现状分析
1	主要优点	有扎实的互联网产品基本功，敏于发现，勤于思考，容易接受新事物与新观点，能够参加项目研究，具有初步的市场调研能力
2	主要缺点	工作热情不够，虽敏于思，但惰于笔，不善于总结与整理
3	曾获荣誉	暂无
4	常见的过错	互联网理论功底薄弱，原因在于参加实践太少，无法将理论和实践结合起来

续表

现状评估表			
我的现状			现状分析
5	目前面临的难题		时间管理能力较弱，没有集中学习的时间段
6	短期必须具备的条件		时间管理能力、项目参与机会
7	长期必须具备的条件		时间管理能力、团队管理能力
8	目前拥有的资格		暂无
9	目前的健康		身体健康
10	目前的职位		基础岗位
11	目前的月平均收入		8k
12	目前的财富	存款	5w
		不动产	暂无
		合计	5w
……			

目标评估表				
我的目标		内容	做到√	未做到×
1	计划增加的优点	提高互联网产品修养，培养对产品和用户的敏感程度		
2	计划减少的缺点	减少偷懒的懈怠心理		
3	计划增加的荣誉	公司最佳新人奖		
4	计划减少的过错	暂无		
5	需具备的关键性条件	参与公司的培训及项目工作		
6	计划取得的新资格	暂无		

续表

目标评估表					
我的目标		内容		做到√	未做到×
7	计划获得的新职位	产品经理			
8	计划达到的健康	保持现状			
9	计划达到的月平均收入	12k			
10	其他				
11	计划拥有的财富	存款	10w		
		不动产	暂无		
		合计	10w		
12	备注				
……					

【时间管理技巧】

为了更好地认识自己，进行合适的职业规划或人生规划，一个很简单的技巧就是针对自己的情况做一个SWOT分析，并从中找出亮点和缺陷，以便制定适合自己的最优目标。

仍以本节中初入行的互联网行业的新人作为分析对象，参考对应的SWOT分析可以制定如下的目标：

S：Strengths

（1）学习欲望强烈，向上的愿望强烈。（亮点一）

（2）善于利用各种资源如微博、微信、知乎等扩宽视野、充实自己，并且获得相对专业的信息。（亮点二）

（3）大多数时候能够保持对事物的距离感，从而理性分析，做

出条理清晰、逻辑合理的判断及分析。（亮点三）

说明：这三项优点说明这个人已经具备一个产品经理最基本的素质，可以通过知乎等渠道来完善自己的知识体系，建立互联网的产品方法论和运营思维等。

W：Weaknesses

（1）职场新人常见的胆怯，不敢先于他人发言或提建议。

（2）创新性不强，还是更多地习惯性思考及行动，很少跳出思维的框架。

说明：这两点是职场新人常见的短板，据此需要针对性地做一些目标训练，比如坚持在例会上发言，每次项目结束时都采用逆向思维或者发散思维进行复盘。

O：Opportunities

（1）毕业时间短，可塑性较强。

（2）在知乎等渠道已经有一定的知名度，可以与业内好友共同进步。

说明：这两点既是机会，也是可以制定目标的方向。可塑性强意味着可以有更多的发展方向，那么接下来的几年内希望在哪个领域发展，就把目标集中在哪个领域中。

T：Threats

（1）已经26岁，面临互联网行业30岁的门槛，时间已经不多。

说明：年龄问题会督促人们更加细化每个阶段的目标，在30岁来临之前的5年里，根据每一年需要达成的目标，可以逆推得到结果。

自我训练

目标评估表可以作为目标规划表的补充，在细分目标规划的同时，对照自身的情况进行改进。别担心自己的理想是否不切实际，按照自己的真实想法，来制定一个自己的目标评估表吧。

<table>
<tr><th colspan="4">现状评估表（表25）</th></tr>
<tr><th colspan="3">我的现状</th><th>现状分析</th></tr>
<tr><td>1</td><td colspan="2">主要优点</td><td></td></tr>
<tr><td>2</td><td colspan="2">主要缺点</td><td></td></tr>
<tr><td>3</td><td colspan="2">曾获荣誉</td><td></td></tr>
<tr><td>4</td><td colspan="2">常见的过错</td><td></td></tr>
<tr><td>5</td><td colspan="2">目前面临的难题</td><td></td></tr>
<tr><td>6</td><td colspan="2">短期必须具备的条件</td><td></td></tr>
<tr><td>7</td><td colspan="2">长期必须具备的条件</td><td></td></tr>
<tr><td>8</td><td colspan="2">目前拥有的资格</td><td></td></tr>
<tr><td>9</td><td colspan="2">目前的健康</td><td></td></tr>
<tr><td>10</td><td colspan="2">目前的职位</td><td></td></tr>
<tr><td>11</td><td colspan="2">目前的月平均收入</td><td></td></tr>
<tr><td rowspan="3">12</td><td rowspan="3">目前的财富</td><td>存款</td><td></td></tr>
<tr><td>不动产</td><td></td></tr>
<tr><td>合计</td><td></td></tr>
<tr><td>……</td><td></td><td></td><td></td></tr>
</table>

目标评估表（表26）					
我的目标			内容	做到 √	未做到 ×
1	计划增加的优点				
2	计划减少的缺点				
3	计划增加的荣誉				
4	计划减少的过错				
5	须具备的关键性条件				
6	计划拥有的新资格				
7	计划获得的新职位				
8	计划达到的健康				
9	计划达到的月平均收入				
10	其他				
11	计划拥有的财富	存款			
		不动产			
		合计			
12	备注				
……					

4. 目标梳理——七大要素一个都不能少

在我们达成目标的过程中，常常会出现这些问题：

没有达成目标的具体时间，造成工作完成不及时；
目标内容不清晰，造成工作内容不完整；
目标关系人不明确，不清楚这个目标完成后要交接给谁；
不知道自己为什么要做这项工作；
……

出现这些问题很正常，很多人只是机械地接受上级或者同事交接的任务，根本没有去想这个任务的前因后果，也没有主动厘清思路，只是机械地完成任务，而无法获得自身的提高，更别提主动进行自我管理和时间管理了。

麦肯锡在解决问题的方法论中曾经提出“定义问题（Defining the Problem）”的概念，要求从执行目标一开始就想清楚上面这些问题，而不是等出了问题再返工，或者一再拖延，没法按时完成，既浪费自己的时间，又耽误工作的进度。

工作梳理清单就是这样一个梳理工作思路的表格，在执行目标之前对照这个表格看一看，迅速地把这几个问题在脑海里过一遍，相信对于你的执行力有事半功倍的效果。

工作梳理清单		
序号	类目	内容
1	关系人	是为了谁而执行这个目标，比如要跟供应商开会，那么对象就是供应商，开会前就要梳理清楚前因后果和会议想要达成的目标
2	场景	是在怎样的场景下实现目标，比如在正式场合下与供应商开会，就要提前准备好正式会议所需要的一切（会议室、茶水、投屏、茶歇等）
3	方式	使用什么样的方式完成目标，比如开会时是电话会议还是当面会议，是做PPT演示还是Word，是初步讨论还是要最终决策……在执行之前要想好采取的方式方法
4	资源	在执行任务的一开始就估算需要多少时间、人力资源、物力资源，不要在最后一刻才临时抱佛脚
5	标准	衡量目标完成的标准是什么？是客流量还是毛利润，是品牌效应还是实际收益？目标达成的标准是最后衡量工作成果的重要标准
6	核心	在以上5个方面中，有的任务是资源紧张但方式灵活，有的任务是资源充足但标准较高，这时候就要明确哪个方面才是任务的核心
7	容错	在任务的执行过程中，有哪些条件和标准是可以适当放宽的？比如，选择开会的地点，在交通便利和价格合适两个条件中，如果预算不充足，可以选择交通不那么便利但价格满足要求的会议地点

明白上面这7点，不仅可以更好地管理自己的任务，而且可以

更好地管理自己的时间。

【时间管理技巧】

在2020年暴发的新冠肺炎疫情中，很多单位选择了远程办公。在这种场景下，梳理思路显得尤为重要。如果不提前想清楚就直接工作，在无法及时沟通的情况下，容易做无用功。

这时候，使用可以协作的在线思维导图工具就非常有必要了。

比如，笔者常用的“幕布”工具（https://mubu.com/），作为一款在线协作工具，它不仅可以建立文件夹和文档，还可以将文档一键转化为思维导图。

以下面的《生鲜App产品功能》为例，可以在整理成列表之后，一键转化为更方便分配任务的思维导图。

生鲜类App产品功能

- 买菜/生鲜App
  - 首页
    - 活动横幅
    - 商品推荐
    - 商品分类
    - 商品简介
  - 分类
    - 商品推荐
    - 商品分类
  - 菜谱
    - 时间段分类
    - 标签分类
  - 购物车
    - 商品列表
    - 个性化推荐
  - 我的
    - 我的钱包
    - 我的订单
    - 营销活动
    - 功能推荐

生鲜App功能列表

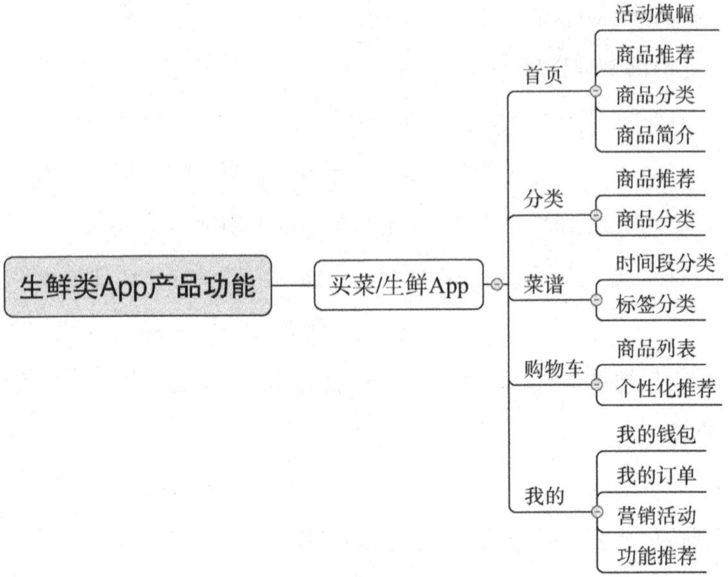

生鲜App思维导图

这样，大家在梳理拆分任务时，思路就更加清晰了。

相比只能在本地操作的Office3件套，“幕布”更适合互联网时代的办公，大家不妨注册一个账户试试吧！

自我训练

看看你最近准备执行的一项任务，按照工作梳理清单明确目标的七大要素都是什么吧。

工作梳理清单（表27）		
序号	类目	内容
1	关系人	
2	场景	
3	方式	
4	资源	
5	标准	
6	核心	
7	容错	

5. 目标执行——以目标为导向，以具体行动为单位

时间管理和项目管理其实有很多共通的地方。在实际工作中，一个合格的职场人士需要同时借助相关的知识来管理项目和时间，这其中最基础的就是WBS。

WBS（Work Breakdown Structure）意为工作分解结构，是项目管理重要的专业术语之一，即把项目工作按阶段可交付成果分解成较小的、更易于管理的组成部分的过程。

具体到目标执行的过程中，WBS就是“以目标为导向，分解为具体行动，执行并反馈”。

举一个简单的例子，假设在春节放假期间，你想要完成《超高效时间管理》的阅读，并且按章节撰写读书笔记。

要在7天假期结束之后，完成这本书的阅读和读书笔记的撰写。我们按照WBS的思想可以把这项任务分解成以下几个部分：

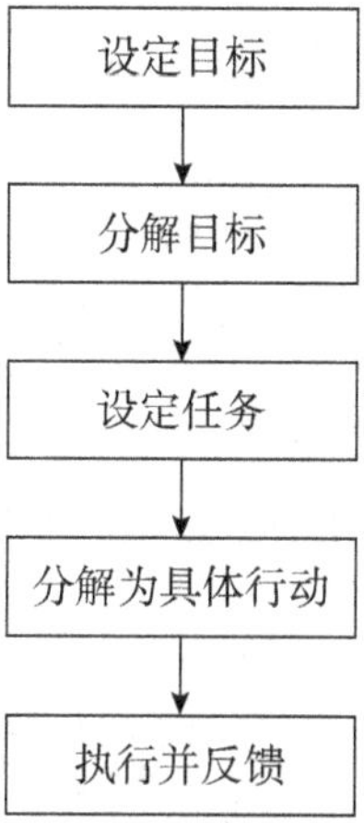

WBS分解过程

（1）设定目标：

完成《超高效时间管理》的阅读，共240页；

完成读书笔记的撰写，共20章。

（2）分解目标：

①阅读《超高效时间管理》：了解全书的主要内容，作者的写作逻辑，对个人的帮助；

②撰写5篇读书笔记：以3—4章做一次总结，建立该书的框架结构，内化并输出；

③撰写书评：阅读完成后，完成该书书评，与其他读者建立沟通渠道。

将以上3个目标继续分解为具体行动，可以是这样的：

任务一：阅读《超高效时间管理》。

第一，精读全书，分章节对内容做重点标记；

第二，根据重点标记进行二次整理，生成思维导图；

第三，对思维导图进行系统整理，建立章节之间的联系；

第四，通过“幕布”等在线工具进行备份收藏。

任务二：撰写5篇读书笔记。

第一，确定章节之间的联系，确定将哪几章作为一个部分；

第二，复习章节内容及重点标记，整理出笔记框架；

第三，撰写读书笔记内容，同步开展资料查阅等工作；

第四，修改读书笔记，并发布到知乎专栏。

任务三：撰写书评。

第一，查阅“幕布”的思维导图备份及读书笔记内容，撰写书评大纲；

第二，汇总内容，撰写书评。

整个目标执行的过程可以细化如下：

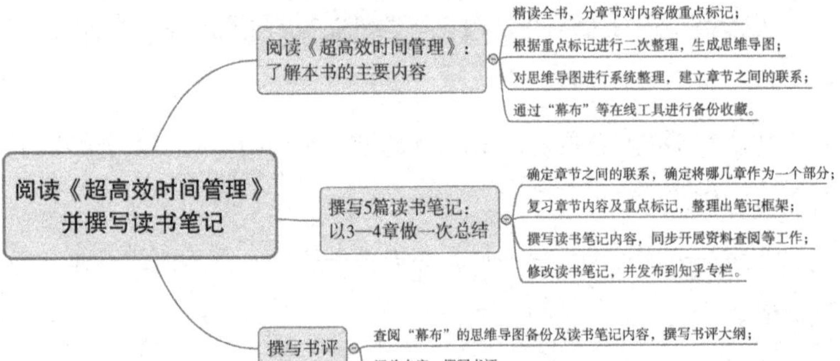

阅读目标任务分解

通过WBS分解目标，几个简单的步骤就可以保证目标执行的行动，也可以按步骤进行并有所查证，整个过程贯彻了项目管理WBS的观念。

具体到每个任务是否已经被完全分解，主要参照以下标准：

（1）每个任务的状态和完成情况是可以量化的。

（2）明确定义了每个任务的开始节点和结束节点。

（3）每个任务都有明确的可交付的成果。

（4）任务的完成时间易于估算且在可接受期限内。

（5）容易估算完成任务的成本（如时间成本等）。

（6）各项任务是独立的。

（7）各项任务能被描述的。

【时间管理技巧】

在按照上面的方法把任务分解成可执行的行动步骤时，也需要一些技巧：

（1）不要太细致，导致每个任务的时间太短

很多人在分解任务时，会有“任务越细越好”的错觉。分解任务时应该尽量分解得具体，但也要适可而止。分解过细会让任务显得烦琐，对整个工作流程造成干扰。

例如，某个任务是“撰写产品方案”，其中的一个步骤是“整理思维导图”，那么分解到“整理思维导图”这一步就已经足够具体，不用再分解到“打开电脑、下载XMind、新建思维导图”这些步骤，这种细枝末节的分解难以估算时间，而且会对之后的工作步骤造成干扰。

（2）明确执行动作，不要写得太笼统

分解任务也是一项艺术，不同于写工作周报，分解任务更加关注任务的执行，比如“完成产品方案”和“撰写产品方案”两种描述，在工作周报中大多采用前者，而分解任务时多采用后者。

以可执行的动作作为分解任务的一部分，可以更加明确这个任务应该通过怎样的动作去完成，而不只是简单笼统地概括一下。

自我训练

执行目标的过程可以按照上面的表格模板进行，也可以在“幕布”等思维导图工具中在线生成。如果你接下来打算执行一个目标，你打算怎样分解它呢?

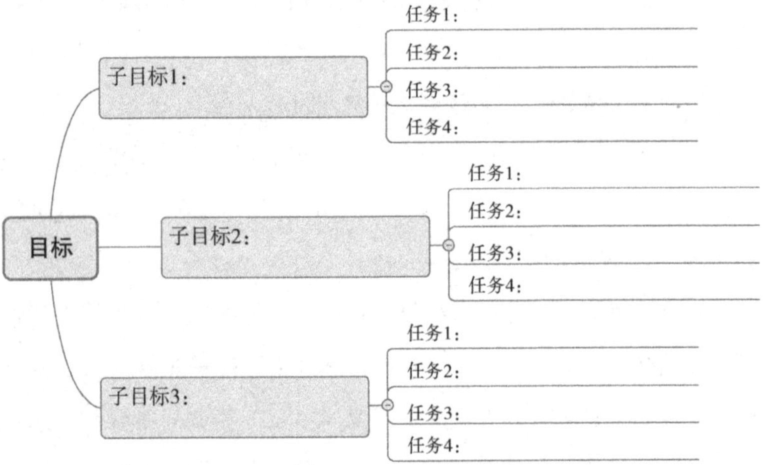

6. 目标复盘——将你的经验变成能力

孔子的学生曾子有一句名言："吾日三省吾身：为人谋而不忠乎？与朋友交而不信乎？传不习乎？"意思是每天都要多次反省自己。

在现代职场中，曾子的"三省吾身"就是复盘的意思。在按照各种方式方法执行目标和管理时间之后，最后有没有达到自己想要的目标，这是把工作经验变成工作能力的关键一环。

在做目标复盘的时候，我们经常会使用到3个表格《目标达成表》《每日复盘表》《复盘计划表》。每个表格都要进行3个步骤：评估、分析、计划。

（1）评估：在每个阶段有没有实现计划的目标，哪里做得好，哪里做得不好，有哪些值得吸取的经验教训。

（2）分析：为什么会出现上述情况？做得好的原因是什么？做得不好的原因又是什么？

（3）计划：总结规律并复盘，在之后的工作中避免犯同样的错误。

3个表格主要针对不同的时间段进行复盘，其中《目标达成表》

是对整体目标的复盘，《每日复盘表》是对每日目标的复盘，而《复盘计划表》则是对每一期（可以是每周、每月或者每年）的复盘。

（1）目标达成表

目标达成表		
职业目标	**项目目标**	**成长目标**
1. 完成公司一项重大项目	时间：2020年1—12月	1. 定期锻炼身体
2. 实现职位升迁	投入全部精力参与公司项目，并按期完成项目KPI；建立圈内良好人际关系，并获得公司内部认可	2. 早起早睡不熬夜
3. 在业界获得一定知名度		3. 阅读专业书籍
4.		4.
5.	时间：	5.
6.		6.
7.		7.
8.		8.
生活目标	时间：	9.
1. 增加与家人相处的时间	6月与家人外出旅游	10.
2. 提高与家人相处的质量	8月为家人购置保险	11.
3. 为家人购置保险		12.
4.	时间：	13.
5.		14.
6.		15.
7.		16.

比如，职业目标是创业或者成为职业经理人，那么项目目标可以写从什么时候到什么时候担任什么职位；比如生活目标是实现多少资产，占据财富目标多少百分比，接下来的项目目标是什么，通过不断达成项目目标来实现人生目标。

成长目标则是在实际工作中希望养成的良好习惯，比如规律的饮食锻炼，每周的阅读和书写。如果达成，就在对应项后面打对号即可。

<table>
<tr><th colspan="6">每日复盘表</th></tr>
<tr><th colspan="4">原计划</th><th colspan="2">实际执行</th></tr>
<tr><th>序号</th><th>内容</th><th>时间段</th><th>是否完成</th><th>内容</th><th>经验</th></tr>
<tr><td>1</td><td>完成活动策划方案</td><td>9:00—10:00</td><td>是</td><td>撰写活动方案</td><td></td></tr>
<tr><td>2</td><td>填写本季度绩效目标</td><td>10:00—10:30</td><td>否</td><td>小组例会</td><td>提前安排例会时间</td></tr>
<tr><td>3</td><td>召开产品评审会议</td><td>10:30—12:00</td><td>是</td><td>产品评审会</td><td>不遗漏任何参会人</td></tr>
<tr><td>4</td><td></td><td></td><td></td><td></td><td></td></tr>
<tr><td>5</td><td></td><td></td><td></td><td></td><td></td></tr>
<tr><td>6</td><td></td><td></td><td></td><td></td><td></td></tr>
<tr><td>7</td><td></td><td></td><td></td><td></td><td></td></tr>
<tr><td>8</td><td></td><td></td><td></td><td></td><td></td></tr>
<tr><th colspan="3">计划外</th><th>今日进步</th><th>今日改进</th><th>备注</th></tr>
<tr><th>序号</th><th>内容</th><th>时间段</th><td>1.</td><td>1.</td><td></td></tr>
<tr><td>1</td><td></td><td></td><td>2.</td><td>2.</td><td></td></tr>
<tr><td>2</td><td></td><td></td><td>3.</td><td>3.</td><td></td></tr>
<tr><td>3</td><td></td><td></td><td>4.</td><td>4.</td><td></td></tr>
</table>

每日复盘表是3个表格中最常用的表格，首先要对照今天要达成的几个目标。如果全部做完就打个钩，如果没有开始就打叉，如果做了一部分又没有做完，则标明百分比。

然后根据“时间段”复盘自己今天的时间都花在哪里了。这个复盘的过程不是为了自我检讨，而是为了更好地了解每天的时间分配。

如果有计划之外的事情，可以填在左下方的部分。

最后可以回顾一下每天做的事情，有哪些进步，又有哪些可以改进的地方。

很多人觉得每天记录这些小事很无聊，但时间管理本来就是从琐碎到习惯的一个过程，从最开始借助表格等工具督促自己每日复盘，到后期养成时间管理的好习惯，这是一个长期的提高过程。

复盘计划表	
本期进步	**下期目标**
1. 通过提前规划，避免工作和会议冲突	提前确定参会人是否按时参会
2. 通过风险管理，避免极端情况下的突发风险	多考虑几种情况，避免极端情况的发生
本期改正	**下期待办**
做事情不主动，没有及时跟进	

续表

复盘计划表	
下期改进	**下期计划**
积极主动地跟进项目发展	掌握多项目同时开展的技能

复盘计划表作为经验变成能力的最后一个环节，主要是通过以上两个表格的总结，从中归纳出接下来的计划和改进目标。

为什么要复盘每段时间的进步、改进和计划？如果不做这些功课，那么我们过去所有的工作学习只能停留在经验阶段，而无法通过量变实现质变。

但通过每日复盘表，可了解最近一段时间工作的实际完成情况，以及每日进步和每日改进，遇到了什么问题、是怎样解决的，有哪些值得肯定的地方和需要避免的地方。

这些一点一点地复盘，会让自己的目标管理和时间管理更加规范化和体系化。

复盘计划表是按时间段来制定的，而每个月的复盘计划表是根据年度计划来分解的，每周的复盘计划表又是根据月度计划表来分解的。比如，在每周的复盘计划表中，可以详细地写清楚下期目标、下期待办和下期日程的内容，以便与下个月的复盘计划进行对比。

至于整体的目标复盘需要规划多久，要根据个人时间管理的喜好来设置。刚开始学习的人可以先规划一年，然后进行月分解、周分解和日分解，有一定经验的人则可以选择更长的时间进行规划。

【时间管理技巧】

很多人不重视复盘的过程，觉得复盘无聊又烦琐。其实不然。如果不对自己过去一段时间内的行为进行整体回顾和反思，就无法发现自己有哪些可以改进的地方，自然也就无法取得进步。

复盘的过程很简单：回顾目标、评估结果、分析原因、发现规律。

而其中让大家觉得烦琐的地方就是回顾目标。这个过程需要把过去一段时间做过的事情都写到一起，刚开始的时候会觉得非常痛苦。回忆已经做过的事情本来就很无聊，还要从这些事情中找到自己的初心，不亚于再把这些事情做一遍。

但实际上，只要坚持做完几次，你就会发现回顾目标也是有规律的，比如例会一般都会拖延时间，最开始的时候你不知道拖延多久，但一周之后，你就发现部门例会一般都会拖延半个小时，那么你就可以按照半个小时的拖延来安排之后的事情。

还要善于应用本节中的表格，比如在《目标达成表》中，已经初步将目标分成职业、生活等类目，你也可以根据自己的实际情况来进行分类，比如个人、家庭、工作等。通过分门别类的总结，回顾目标也会变得更加有条理。

自我训练

定期复盘是目标管理和时间管理中非常必要的一环，不管是对个人成长还是目标执行都颇有裨益，如果是第一次练习复盘，可以参考下面的表格填写。

（1）目标达成表

目标达成表（表28）		
职业目标	**项目目标**	**成长目标**
1.		1.
2.		2.
3.		3.
4.		4.
5.	时间：	5.
6.		6.
7.		7.
8.		8.
生活目标	时间：	9.
1.		10.
2.		11.
3.		12.
4.	时间：	13.
5.		14.
6.		15.
7.		16.

（2）每日复盘表

每日复盘表（表29）					
原计划				实际执行	
序号	内容	时间段	是否完成	内容	经验
1					
2					
3					
4					
5					
6					
7					
8					
9					
10					
11					
12					
计划外			今日进步	今日改进	备注
序号	内容	时间段	1.	1.	
1			2.	2.	
2			3.	3.	
3			4.	4.	

（3）复盘计划表

复盘计划表（表30）	
本期进步	**下期目标**
本期改正	**下期待办**
下期改进	**下期计划**

第四章

计划执行——无法执行的计划只是空话

1. 从年计划到日计划——做计划也要循序渐进

制定完目标，接下来就是做计划了。对于职场人士来说，计划尤其重要，不论是部门即将启动的长期项目，还是给自己设定的目标（如新的一年想要完成的阅读清单），在制定完这些目标之后，都需要统筹计划，否则很有可能无法完成目标分解表。

那么先来说说计划是如何从年计划分解到月计划乃至日计划的。

（1）先列出自己的目标

这一部分在上一章中已经和大家讲过，大家可以用很多种方式来列出目标。如果为了节省时间，也可以简单地头脑风暴一下，把今年想要做的事情全部罗列出来。除了必要的工作之外，一般20条左右就可以填满每年的空余时间了。

（备注：头脑风暴原意为小组人员在正常融洽和不受任何限制的气氛中以会议的形式进行讨论、座谈，打破常规，积极思考，畅所欲言，充分发表看法。同样地，一个人也可以进行头脑风暴，不要给自己局限，用一张纸写下你能想到的全部就是一次简单的头脑风暴。）

比如，今年主要想在自媒体方面尝试一下，并且要出国旅游一次，国内旅游几次，那么今年的目标就可以简单地罗列，如下所示：

年度计划	
序号	内容
1	阅读秋叶老师主编的《新媒体写作平台策划与运营》
2	开通头条号、百家号等自媒体账号并转正
3	去欧洲旅游一次
4	去苏杭旅游一次
5	看10部豆瓣评分9.0以上的电影
6	获得驾照
7	通过PMP考试

（2）制订年度计划

如果计划在一年里达成这些目标，就要简单地安排一下时间，明确哪些事情在哪个季度完成。

①阅读秋叶老师主编的《新媒体写作平台策划与运营》——Q1；

②开通头条号、百家号等自媒体账号并转正——Q2；

③去欧洲旅游一次——Q3；

④去苏杭旅游一次——Q3；

⑤看10部豆瓣评分9.0以上的电影——全年；

⑥获得驾照——Q4；

⑦通过PMP考试——Q4。

（3）制订季度计划

通过上面两步，每个季度想要完成的主要目标就已经明确了。

为了实现这个目标需要付出哪些行动，以及其他需要在每个季度内完成的待办事项，可以写在同一个季度计划中。

季度计划		
序号	时间段	内容
1	Q1	阅读秋叶老师主编的《新媒体写作平台策划与运营》
2	Q2	开通头条号、百家号等自媒体账号并转正
3	Q3	去欧洲旅游一次
4	Q3	去苏杭旅游一次
5	全年	看10部豆瓣评分9.0以上的电影
6	Q4	获得驾照
7	Q4	通过PMP考试

（4）制订月计划和日计划

有了季度计划，就可以制订月计划、周计划和日计划了。在接下来的章节里，我们会逐一学习如何制订这几种计划。

按“年—季度—月—周—日”的时间阶梯来制订计划，是为了将上面这些看起来不容易完成的事情分解成相对容易达到的目的。

从大部分制订计划的经验来看，从日计划到年计划的成功率依次降低。可能有时候制订的年计划过于宏大，以致完成了所有的日计划，最终却无法完成年计划。而分解的目的就是尽可能增大计划的完成率，比如你始终如一地执行日计划，到最后即使没有100%完成年计划，也应该离100%不远了。

【时间管理技巧】

制订年计划的方法和工具有很多，比如本节中向大家介绍的就是最常见的头脑风暴法。

但是每个人头脑风暴的水平不一样，有可能会出现遗漏的情况，这时候可以借助“九宫格平衡表”的方法。

九宫图法是一种有助于扩散性思维的思考策略，之前的章节也利用九宫格做过很多分析。总的来说，就是将主题写在中心位置，然后把由主题引发的各种想法或联想写在其余优点，乃由事物的核心出发，向8个方向去思考，发挥8种不同的创见。依循这种思维方式加以发挥，并扩散其思考范围。

那么在制订计划时，中心位置的主题就是“姓名+年份”，而向外延伸的8个方向分别是：工作事业、家庭生活、学习成长、进步突破、休闲放松、身体健康、财务理财、人际关系。

根据这8个主题，我们在每个格子里至少写下1—2个想要达成的目标，就构成了一个完整的年度计划。

九宫格平衡表

工作事业	家庭生活	学习成长
进步突破	姓名+年份	休闲放松
身体健康	财务理财	人际关系

自我训练

在本节内容中，我们主要训练年度计划和季度计划。在接下来的章节中，我们会逐一练习月计划、周计划和日计划。

（1）年度计划表

年度计划（表31）	
序号	内容
1	
2	
3	
4	
5	
6	
7	

（2）季度计划表

季度计划（表32）		
序号	时间段	内容
1	Q1	
2	Q2	
3	Q3	
4	Q3	
5	Q4	
6	Q4	
7	Q4	

2.月计划的执行训练——传统计划表和方格计划表

月计划作为年计划之后的计划，具有承上启下的作用。它与年计划相辅相成，又对周计划起着提纲挈领的作用。

作为落实年计划的第一步，依然是把任务拆解到12个月中。

在每项任务之后，都要回顾任务是否完成，以及没有完成的原因、补救措施和改进方法。比如，上周的工作没有完成，是出于个人原因，还是外界客观原因，是否可以通过加班补上，之后如何避免这类情况的发生。

除了既定的计划之外，月计划还需要增加提醒事项，比如临时会议等，在更新计划的时候可以加入表格中。

月度计划表也有很多种方式，可以用之前提到的在线文档（如“幕布”）迅速地列出一个清单，但为了方便之后的整理回顾，还是建议大家按照固定的格式来整理。

（1）传统月度计划表

传统月度计划表是最常用的形式，用Excel就可以很快地制作出来，而且可以根据自身的情况进行个性化的修改。

以工作的项目为例，如果当月没有完成，则要标明原因和解决办法，可以在下个月的工作中继续分解后执行。同样地，下个月学习、生活和健康的内容也需要进行相应的分解。还以一名互联网行业的新人的时间计划为例，在下表中，按时间和内容等维度规划了本月要做的事情。

<table>
<tr><th colspan="8">传统月度计划表</th></tr>
<tr><th>项目</th><th>内容</th><th>完成情况</th><th colspan="2">未完成原因</th><th>补救措施</th><th>改进方法</th><th>备注</th></tr>
<tr><td rowspan="2">工作</td><td>客户端上线</td><td>60%</td><td colspan="2">bug未修复</td><td>加班</td><td>提高代码质量</td><td></td></tr>
<tr><td>季度绩效制定</td><td>100%</td><td colspan="2"></td><td></td><td></td><td></td></tr>
<tr><td>学习</td><td>阅读</td><td>50%</td><td colspan="2">时间安排不当</td><td>合理安排时间</td><td></td><td></td></tr>
<tr><td>生活</td><td>整理家务</td><td>100%</td><td colspan="2"></td><td></td><td></td><td></td></tr>
<tr><td>健康</td><td>锻炼</td><td>100%</td><td colspan="2"></td><td></td><td></td><td></td></tr>
<tr><td colspan="8">下月计划</td></tr>
<tr><th rowspan="2">项目</th><th rowspan="2">内容</th><th rowspan="2">任务分解</th><th colspan="4">时间</th><th>备注</th></tr>
<tr><th>第一周</th><th>第二周</th><th>第三周</th><th>第四周</th><th></th></tr>
<tr><td rowspan="2">工作</td><td rowspan="2">客户端上线</td><td>产品评审</td><td>产品评审</td><td></td><td></td><td></td><td></td></tr>
<tr><td>bug修复</td><td></td><td>bug修复</td><td></td><td></td><td></td></tr>
<tr><td>学习</td><td>阅读</td><td></td><td></td><td></td><td></td><td></td><td></td></tr>
<tr><td>生活</td><td>采购</td><td></td><td></td><td></td><td></td><td></td><td></td></tr>
<tr><td>健康</td><td>锻炼</td><td></td><td></td><td></td><td></td><td></td><td></td></tr>
</table>

（2）方格月度计划表

相对于传统月度计划表，方格月度计划表更像是缩略版的《每日计划表》，因为它将每个月的工作计划浓缩在一张纸上的30个格子里。我们还按照上面传统计划表的内容来填充方格计划表，如下所示：

方格月度计划表				
1 客户端产品 原型制作	2 客户端产品 原型制作	3 客户端产品 原型评审	4 客户端产品 文档撰写	5 客户端产品 文档撰写
6 客户端产品 文档评审	7 原型修改及 UI设计	8 UI设计	9 UI设计	10 ……
11	12	13	14	15
16	17	18	19	20
21	22	23	24	25
26	27	28	29	30

上表按照工作流程罗列了每日的工作计划，可以看出，对于传统月历表，方格计划表的优势在于更加细化，但这也意味着你要在计划表的制作上投入更多的时间。

用一张A4纸，在上面标注每月的天数（一般是30天），然后在每个格子里写上自己想要做的事情以及截止日期，就可以清楚地看到自己这个月的计划了。

【时间管理技巧】

如何在计划表中预估完成所需时间？

这是填写计划表时经常遇到的一个问题，一般来说，我们需要按照计划的逻辑顺序和平均时间，对所需时间进行计算。比如，我们需要进行一次知识分享，那么完成PPT内容制作和整理需要4个小时，完成课程制作的时间需要12个小时，分享前的准备需要2个小时，分享及讨论需要2个小时。那么一共需要20个小时，以1天学习2个小时为例，一共需要约10天的时间。

值得注意的是，这只是理想情况下的时间估算，在之前没有做过知识分享的情况下，我们不要把预估的时间设置得太短，而要设置较为宽松的时限。

比如，按照上述的工作时间安排，20个小时刚好完成知识分享的工作，但如果时间的预估不准确，原本认为课程制作需要12个小时，但实际上需要15个小时，这就会造成我们后来一系列的工作延误。

如果在预估时间出现无法及时完成任务的情况，不必怀疑自己的能力，而是要学会总结经验，在后期的计划过程中，不断将我们的预估时间控制在较为准确的范围内。

当然，在前期最简单的方法就是留出富余时间，设置较为宽松的时限。

自我训练

传统月度计划表着重“抓大放小”，不需要把所有的事情都列出来，只列出最主要的内容，比如某件事要在下个月的第几周内完成，如果没有完成，应该如何补救和改进。

方格月度计划表则侧重于“细节决定成败”，需要列出每天要做的事情，但不需要写清楚如果没有完成的补救措施和改进方法。

在不同的场景中，以上两个表格各有优劣。接下来，你也试着制订自己下个月的计划吧。

（1）传统月度计划表

<table>
<tr><th colspan="7">传统月度计划表（表33）</th></tr>
<tr><th>项目</th><th>内容</th><th>完成情况</th><th>未完成原因</th><th>补救措施</th><th>改进方法</th><th>备注</th></tr>
<tr><td rowspan="2">工作</td><td></td><td></td><td></td><td></td><td></td><td></td></tr>
<tr><td></td><td></td><td></td><td></td><td></td><td></td></tr>
<tr><td>学习</td><td></td><td></td><td></td><td></td><td></td><td></td></tr>
<tr><td>生活</td><td></td><td></td><td></td><td></td><td></td><td></td></tr>
<tr><td>健康</td><td></td><td></td><td></td><td></td><td></td><td></td></tr>
</table>

<table>
<tr><td colspan="8">下月计划</td></tr>
<tr><th rowspan="2">项目</th><th rowspan="2">内容</th><th rowspan="2">任务分解</th><th colspan="4">时间</th><th>备注</th></tr>
<tr><th>第一周</th><th>第二周</th><th>第三周</th><th>第四周</th><th></th></tr>
<tr><td rowspan="2">工作</td><td rowspan="2"></td><td></td><td></td><td></td><td></td><td></td><td></td></tr>
<tr><td></td><td></td><td></td><td></td><td></td><td></td></tr>
<tr><td>学习</td><td></td><td></td><td></td><td></td><td></td><td></td><td></td></tr>
<tr><td>生活</td><td></td><td></td><td></td><td></td><td></td><td></td><td></td></tr>
<tr><td>健康</td><td></td><td></td><td></td><td></td><td></td><td></td><td></td></tr>
</table>

（2）方格月度计划表

方格月度计划表（表34）				
1	2	3	4	5
6	7	8	9	10
11	12	13	14	15
16	17	18	19	20
21	22	23	24	25
26	27	28	29	30

3.周计划的执行训练——改良版的34枚金币法

月计划完成之后，接下来就是周计划的设定和制订了。它们的关系与年计划、月计划的关系类似，两者都是将目标逐渐细化的过程。

比如，在下图的周计划表中，就按照月计划表进行了更加细化的设定。

周计划表						
目标	内容	周一	周二	周三	周四	周五
工作	1.客户端上线	产品评审	修改文档	产品再次评审	修改bug	测试
	2.完成《结网》的阅读	阅读1—30页	阅读31—50页			
	3.完成公开课的学习	公开课第一节	公开课第二节	公开课第三节	公开课第四节	公开课第五节
学习						

续表

周计划表						
目标	内容	周一	周二	周三	周四	周五
生活						
健康						

在这个表格中，纵列可以以月计划表中的任务为基础，在横行则将这些任务分解到每一天中，每天完成既定的任务之后，就给相应的表格涂上喜欢的颜色。

这时候有一个窍门，就是对34枚金币法的内容进行简化之后，直接借用34枚金币法的理念。在原34枚金币法中，一共有5种颜色。在周计划中，我们可以只保留工作和休息的3种颜色，也就是黄色、橙色和绿色，并将绿色的内容更换为没有按计划完成的部分。

（1）黄色=Quality work（高效工作的时间）

包括高效地工作、看书、学习，任何能产生价值的时间都标记在这里。今天你从下午1点到4点学习或者工作了3个小时，就把对应这一天下午1点到4点的6个金币格用黄色填满。

（2）橙色=Mandatory work time（强迫工作的时间）

比如，有的事情不想做，却不得不去做；有的会议不想参加，上司却要求你去参加。这些都属于强迫工作的时间。

（3）绿色=Delay time（延误的时间）

没有按原计划执行的时间都算延误时间。

这样一周下来，自己按计划完成了多少任务，就能一目了然。比如，这周的时间不是很充足，但还是强迫自己在周四的时候完成了公开课的学习，就需要在周四填充橙色，而在周三之后就没有开展阅读的工作，没能达成阅读的目标，在周三到周四的方格里就需要填充绿色。

周计划表						
目标	内容	周一	周二	周三	周四	周五
工作	1.客户端上线	产品评审	修改文档	产品再次评审	修改bug	测试
	2.完成《结网》的阅读	阅读1—30页	阅读31—50页	阅读51—60页	阅读61—80页	
	3.完成公开课的学习	公开课第一节	公开课第二节	公开课第三节	公开课第四节	公开课第五节

续表

周计划表						
目标	内容	周一	周二	周三	周四	周五
学习						
生活						
健康						

【时间管理技巧】

为什么在周计划表中，专门将延误项列出来?

因为当我们制订完一个计划后，只清楚最终目标是不够的，因为大部分人在执行过程中都会出现延误。我们很少能在实际执行中避免延误的出现，所以只能在制订计划的时候，将可能延误的事情排除在外，这就需要我们拟定的计划都是具备可执行性的。在之后的章节中，我们会介绍SMART法则，在这里，我们先简单地归纳可执行性的几个特征：

（1）可视化

将自己要做的事情进行可视化处理，比如阅读本身不是可视化的，但如果我们写清楚阅读哪本书，阅读了多少页，这个过程就是可视化的了。

（2）具体性

执行计划中的延误常常是因为我们缺少对目标的具体化，在制订计划的时候没有想好怎么做，执行的时候自然容易出现延误。比如，我们想多花时间陪伴家人，这是个不具体的计划，具体一点是跟家人一起去郊外旅游，再具体一点，就是什么时候、用什么交通方式，跟家人去哪个地方旅游。

（3）简单化

出现延误的另一个原因是我们的畏难情绪，很多时候，我们看到一个大的目标，首先会对自己的执行力产生怀疑，进而拖拖拉拉，无法完成。一旦执行了计划，完成它的唯一方式就是将它分解为一个个简单的目标，拆分之后，一步一个脚印地完成这些简单的目标，避免畏难情绪造成的延误。

（4）最小化

延误还有可能是因为我们制订计划时眼高手低，以为自己能完成全部任务，其实只能完成一部分。在制订计划时一定要遵循最小化的原则，不要好高骛远。

自我训练

周计划表是月计划表和日计划表承上启下的部分。在时间不充裕的情况下，可以对本节中介绍的表格进行从简处理，但在完成后，最好可以复盘总结一下自己计划的完成情况。

周计划表（表35）

目标	内容	周一	周二	周三	周四	周五
工作						
学习						
生活						
健康						

4.每日计划的执行训练——抓住工作的优先级

最后就是每日计划表的制订了，这也是最细致的一个计划表。日计划表需要把周计划表中每一天的计划都进行细化。如果当天的任务不仅仅是周计划表内的任务，可以按照重点工作、例行工作和临时工作的优先级来安排工作：

（1）重点工作：每天最重要的几件事情，需要包括长期计划和短期计划的关注点；

（2）例行工作：需要每天重复做的事情；

（3）临时工作：临时出现的工作，虽然占用时间，但是不需要每天重复做。

<table>
<tr><th colspan="9">日工作计划表</th></tr>
<tr><td rowspan="3">本日开展</td><td rowspan="3">重点工作</td><td>排序</td><td>事件</td><td>重要紧急程度</td><td>完成时间</td><td>完成情况</td><td>未完成原因</td><td>改进措施</td></tr>
<tr><td>1</td><td>锻炼</td><td>非紧急</td><td>20:00</td><td>完成</td><td></td><td></td></tr>
<tr><td>2</td><td>绩效</td><td>紧急</td><td>23:00</td><td>未完成</td><td>未与领导充分沟通</td><td>与领导完成沟通</td></tr>
</table>

续表

日工作计划表								
		3	方案	紧急	24:00	完成		
		4						
		5						
		6						
		7						
	例行工作	1	晨会	非紧急	10:00	完成		
		2	日报	非紧急	17:00	完成		
		3						
		4						
		5						
		6						
	临时工作	1	快递	非紧急	16:00	完成		
		2						
		3						
		4						
		5						

（1）重点工作

根据月计划可以分解出每天需要做的几件重点工作，需要包括长期计划和短期计划所关注的点，一般以6—7件为宜，每完成一件事情，可以用彩色笔涂满格子。

重点工作不一定局限于重复性工作或者单次工作，你可以把每天需要坚持的一件事情列在里面，也可以把某次需要做的重点工作填在里面。

比如，有段时间，我每天都把半个小时的锻炼当作重点工作，那就可以把“锻炼身体半个小时”作为一项重点工作。当完成锻炼之后，就在相应的格子用彩色笔涂满。

事实证明，人们每天可以负担的重点工作宜少不宜多，把有限的精力放在重点工作上，可以起到事半功倍的效果。

（2）例行工作

除了重点工作之外，每天可能还有很多需要重复做的事情，工作上可能包括每日晨会、工作日报，学习上可能包括阅读、运动。如果在月计划表或者周计划表中出现了这些例行工作，都可以写在日计划表中。

例行工作是一个漫长而需要坚持的过程，如果在月计划或者周计划中出现了一些需要每天都做的事情，比如完成一本书的阅读、完成一个音频课程的学习、完成一门证书的认证，都可以在例行工作中标明自己为了达成目标坚持了几天。

（3）临时工作

除了以上两种工作，每天还会出现一些临时工作，或者临时想到要做的事情，也包括想到但暂时没有时间完成，可以等之后完成的事情。

这类事情并不要求马上做完，但记在每日计划中可以提醒自己在截止日期之前完成，比如支付信用卡账单、收发快递、缴纳水电费等。

（4）改进措施

与周计划表一样，在每一行的最后，需要填写未按时完成计划时的改进措施，写出自己在这一天里有哪些不足和进步，或者有什么新的领悟。

这个过程虽然看起来务虚，但只有通过不断的思考和领悟，才能真正提高自己的时间管理能力和工作执行能力。

【时间管理技巧】

在每日计划的制订中，采用重点工作、例行工作和临时工作的优先级来安排工作，可以避免以下几种情况的发生：

（1）容错率低

很多人在制订日计划时采用的是流水账计划方式，紧密地安排每一项任务。如果任务没有优先级，一旦有一个任务拖延，就可能导致后面所有的任务拖延，甚至导致整个日计划失效。

（2）执行性差

没有优先级的另一个弊端是执行性差。如果优先级较低的工作占用了你大量的时间，可能会导致优先级较高的计划没有时间执行。

有时我们会走向另一个极端，索性放弃做计划，觉得浪费时间，还不如拿起书就学，把时间花到刀刃上。

（3）模棱两可

模棱两可的计划也经常出现在日计划制订中，比如在同时面临两项任务时，到底先做哪个，后做哪个，这种模棱两可的情况导致的后果往往是两项任务都做了一些，但都没有做完。

自我训练

如果觉得电子版的每日计划表填写起来不方便，也可以把下面的表格打印出来，每天随时填写并复盘。

日工作计划表（表36）

		排序	事件	重要紧急程度	完成时间	完成情况	未完成原因	改进措施
本日开展	重点工作	1						
		2						
		3						
		4						
		5						
		6						
		7						
	例行工作	1						
		2						
		3						
		4						
		5						
		6						
	临时工作	1						
		2						
		3						
		4						
		5						

第五章

效能笔记
——优秀的人都是如何做笔记的

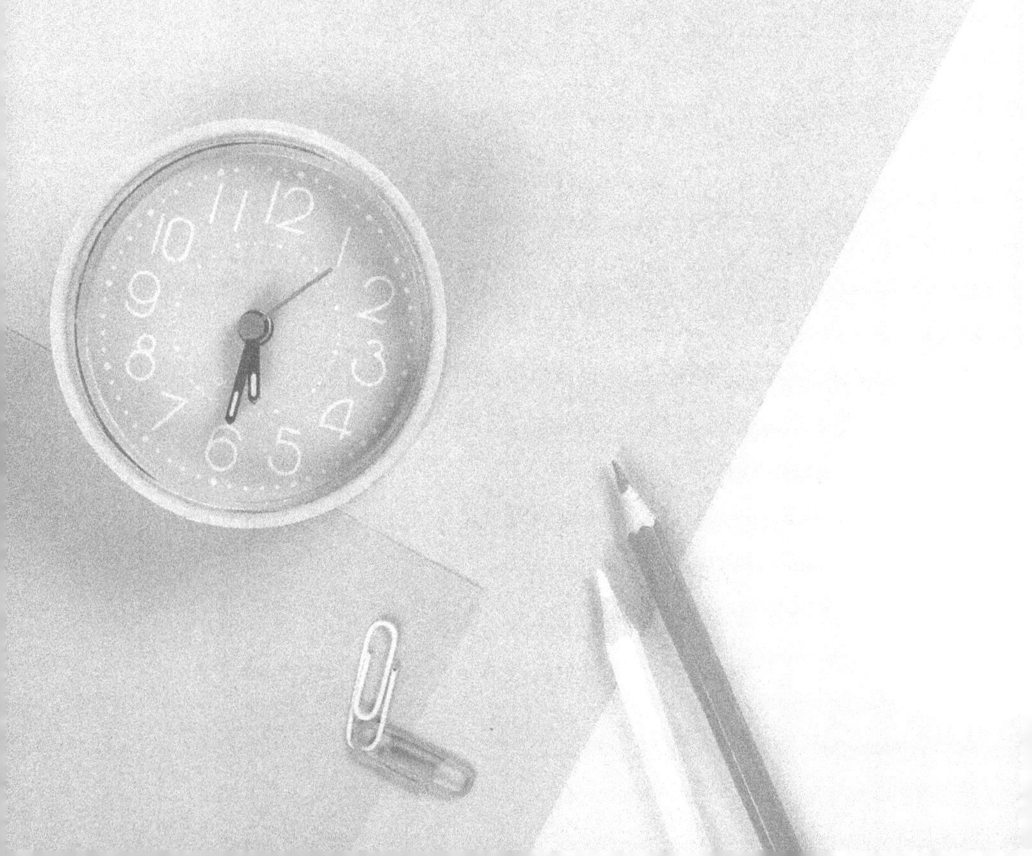

1. 思维导图法——成功人士最常用的笔记法

思维导图笔记法形象生动，结构清晰，层次分明，据说是很多优秀学生喜欢的笔记方法，也是很多职场人士喜欢的一种笔记方法。

这种方式大家都不陌生，不管是通过XMind等专业的思维导图软件，还是在纸张、白板上简单地整理，思维导图主要有以下几步：

（1）以某一个问题或想法作为导图的起点，不断添加分支，将这个问题或想法补充完整；

（2）从起点出发，添加若干条主要分支线，然后在主要分支线上画出二级分支线，以此类推；

（3）在每条分支线上写下相应的关键词。

而具体到工作学习中，思维导图也是一种很好的工具。学生时代用思维导图法来迅速整理一学期或者一本书的主要内容，既简单实用又节省时间。比如，要总结某门学科或者某本书的知识要点，可以通过以下几步来完成：

（1）将某门学科作为思维导图的起点，按照章节或者知识结构进行思维导图的展开；

（2）根据个人理解对思维导图进行整合；

（3）参照考点、难点对思维导图的二级分支线和三级分支线进行删减；

（4）在最终版的思维导图上以5W3H分析法进行内容补充。

（备注：5W3H分析法，又称“八何分析法”。运用5W3H分析法可以进行结构问题的清楚描述，主要包括以下8个方面：What，Where，When，Who，Why，How，How much，How feel。）

我们来举一个简单的例子，《三国演义》作为我国的四大名著之一，是很多人喜欢的文学作品，但是在阅读过程中，会发生遗忘前情提要或者错过细节等问题，用思维导图就可以很好地解决这个问题。接下来我们以“三国演义”作为思维导图的起点，以“国家”作为二级分支线构建一个思维导图，如下所示：

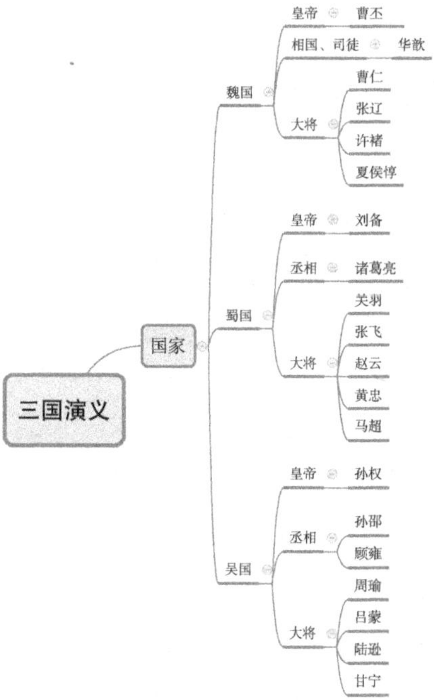

《三国演义》关于“国家”的思维导图

这样是不是清楚多了？当然，除了以“国家”作为二级分支线，还有以“人物关系”“著名战役”等作为二级分支线的方法。通过不断完善思维导图，我们就不用担心记不住作品的内容了。

【时间管理技巧】

整理思维导图笔记的过程，也是对接收的信息进行二次压缩的过程，你需要不断地对关键词进行提取、分类、总结概括、类比、发散，找出知识间的内在逻辑。

在通过树形结构把知识进行串联的过程中，每增加一个主题分支就是一次新的思考。在这个过程中，大脑是高度积极参与的，你也可以将其理解为二次学习。

很多人不善于使用思维导图的一大问题就在于关键词的提取，毕竟将一本书的内容浓缩为几页思维导图，本身就是一件很考验人的事情。

所以在这个过程中，我们要尽量避免使用长句。大段文字的堆砌会大大降低思维导图的可读性。在进行关键词提取时需要遵循以下两个原则：

（1）使用能阐明关键概念的词，以名词为主、动词次之，辅之以必要的形容词和副词

比如，在上图中，“国家”就是关键概念的词，如果没有必要，我们不用将其进一步扩充；如果有必要，可以使用尽量简洁的形容词和副词，比如“著名战役”。

（2）将关键词精简到不能再精简为止

这一点很好理解，思维导图中的关键词一般以一个名词为主，

可以增加思维导图的可读性。

自我训练

试着以“著名战役”作为二级分支线，继续完善《三国演义》的思维导图吧！

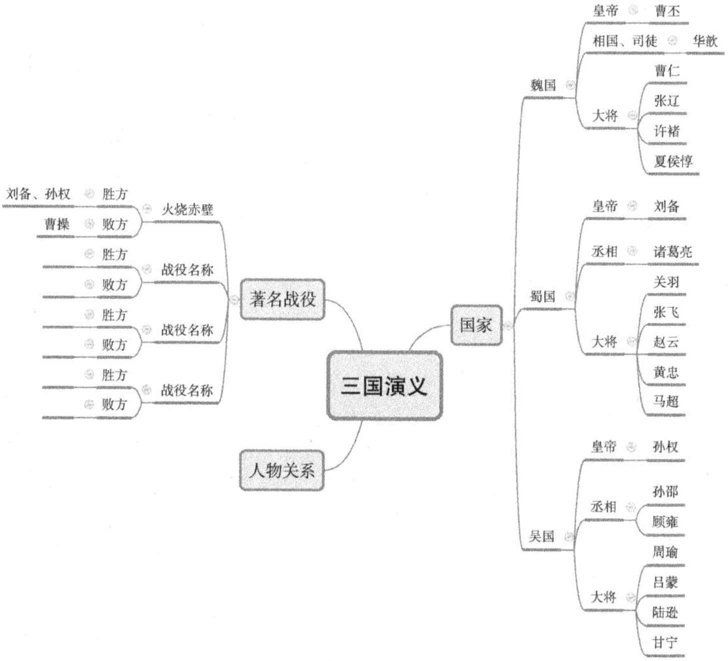

《三国演义》思维导图

2. 三栏法——东京大学流行的笔记方法

接下来说说“东京大学笔记法”。东京大学作为亚洲第一梯队的高等学府，在校学生的笔记法也是独树一帜，人们形象地将其称为“三栏法”。

具体来说，东京大学笔记法分为3个区域：

A区：板书区域，用于记录主要内容。

B区：启发区域，用于记录自己的发现或者评论。

C区：总结区域，用于进行总结。

比如，我们即将开展一次员工培训，在公司的公众号上进行了一次培训预热，但基本没有人响应，大家完全没有兴趣把这次培训分享到朋友圈等平台。这时候，可以用东京大学笔记法，如下所示：

东京大学笔记法		
A区：板书区域	B区：启发区域	C区：总结区域
1. 大家会出于什么原因转发公众号？一是抓住用户爽点，二是符合用户需求	1. 满足员工对于培训的需求，是否会扩大本次培训的影响力	1. 收集员工对于培训的需求

续表

东京大学笔记法		
A区：板书区域	B区：启发区域	C区：总结区域
2.一篇好的微信公众号文章需要哪些因素？主题明确，内容有趣，形式新颖	2.采取生动有趣的撰写方式，是否会提高员工阅读的兴趣	2.重新撰写文案，增加趣味性
3.	3.	3.

观察上面的表格可以发现，东京大学笔记法主要侧重于启发，这受到了日本教育方式的影响。

日本的高中教育方法和考试方法较为灵活。以考试为例，日本的高校入学考试分两种，一种是中心考试。它是由文部科学省下属机构“大学入学考试中心”组织的，参加科目和所占比重是由高校自行决定的。另一种是个别考试制度，主要包括个别学力检查、小论文测验和面试、综合学科选拔、特别选拔等几种。

这种教育和考试的方式让日本学生更加侧重思维启发和学科总结。很多东京大学的学生都会在右侧的启发区域和总结区域进行归纳总结和思维发散，不管是平时学习还是学科考试，都可以很快地在自己的笔记中找到知识点和总结点。对于创造性工作较多的职业来说，东京大学笔记法是不错的选择。

【时间管理技巧】

做笔记是为了更快捷地总结知识，而不是为了做笔记而做笔记。要想在有限的时间里高效地学习，就需要一些小窍门，比如直接把教科书的表格、地图等不适合抄写的部分复印后剪切、粘贴到笔记本上，一来节省了抄写的时间，二来保证了这些内容的准确性。

自我训练

按照东京大学笔记法的格式，试着写下每次思考学习的总结吧！

东京大学笔记法（表37）		
A区：板书区域	B区：启发区域	C区：总结区域
1.	1.	1.
2.	2.	2.
3.	3.	3.

3. 埃森哲Point Sheet笔记法——职场人的最爱

上面几节主要挑选了学生时代大家比较喜欢的笔记方法，这些笔记方法或多或少都可以帮助大家在学习中节省时间。

但说到职场人最爱的笔记法，大概是埃森哲的Point Sheet笔记法。

作为全球最大的外资管理咨询公司，埃森哲的Point Sheet笔记法一直闻名遐迩，上至项目管理，下至方案执行，这种方法在职场人中得到了非常高的评价。

还是以员工培训为例，比如在培训结束后，大家的反馈不甚理想，普遍反映培训内容过于艰涩，那么可以用埃森哲笔记法表现出来，如下所示：

Point Sheet笔记法	
题目	
重点	行动
1. 员工培训反馈不佳，普遍反映内容过难	1. 完善培训课件，减少单次培训的内容

续表

Point Sheet笔记法	
题目	
重点	行动
2.新员工较多，培训气氛比较沉闷无趣	2.适当进行暖场，用案例和故事活跃气氛
3.	3.

与前面的几种笔记方法不同，Point Sheet笔记法主要侧重于行为导向，也就是明确重点之后如何执行。

如上图所示，Point Sheet笔记主要由上面的“题目”、左侧的“重点”、右侧的“行动”3部分组成。

最上方的“题目”类似于思维导图法中的“主题”，左侧的部分用来记录重点，右侧的部分则用来书写基于重点应采取的行动，即“谁来完成，什么时候完成，完成什么事情”，也可以使用“5W3H”的方法来整理右侧的行动。

从Point Sheet笔记法的布局就可以看出，这是一种行动导向的笔记方法，主要关注通过右侧的“行动”来提升执行力，在职场中非常实用，也适用于学生时代学习计划的制订。

【时间管理技巧】

在时间管理中，“行动”的重要性不言而喻，甚至对于很多人来说，很难掌控自己一天内的全部时间。如果有他人干扰，特别是领导新布置了不可抗拒的任务，原先的时间安排就会被打乱，“行动”也就成了一句空话，所以史蒂芬·柯维在《高效能人士的七个习惯》中提到:“与其着重于时间与事务的安排，你不如把重心放在维持产出与产能的配合上。”

埃森哲笔记第一栏“重点”的意义就在于此，我们需要在“重点”中找到完成计划的驱动力，这种驱动力越能激发你的激情，“行动”的效率就会越高。

比如，在上图中，我们“行动”的驱动力就在于第一栏中“员工培训反馈不佳，普遍反映内容过难”。这也解释了很多人做好计划却不执行的原因。在“重点”中找到自己行动的价值，找到行动的驱动力，有助于提高执行效率。

自我训练

想一想接下来你马上要执行的一项任务，试着按照Point Sheet的方法来整理吧!

Point Sheet笔记法(表38)	
题目	
重点	行动
1.	1.
2.	2.
3.	3.

4.康奈尔笔记法——听课开会的最佳选择

如果要兼顾听课和开会两种场景，康奈尔笔记法必须占有一席之地。作为美国康奈尔大学沃尔特·波克博士于1974年提出的一种笔记方法，康奈尔笔记法在国内外的学习管理和职场笔记领域都有很多的适用者。

康奈尔笔记把一页纸分成了3个区域：

A区域：左边为提示栏（简化栏）。

B区域：下方为摘要栏（思考栏）。

C区域：右上方最大的部分为笔记栏（主栏）。

接下来，我们来看看这3个区域分别是什么用途。

首先，看占比最大的部分，也就是笔记栏。这部分主要用于记录上课或学习的主要内容，和传统的做笔记方法基本是一样的。

其次，我们来看左侧的提示栏。这部分主要是在笔记栏的基础上，将听课开会的内容进行提炼总结，删繁就简，去伪存真，将最有价值的内容留在提示栏。

最后，摘要栏主要是个人总结和发散思考。如果是听课笔记，可以在之后的复习中翻阅摘要栏。如果是开会执行，可以根据摘要栏跟进相关进度。

康奈尔笔记法	
提示栏（简化栏）： 复习时归纳总结	笔记栏（主栏）： 上课时记录笔记
摘要栏（思考栏）：经验思考	

康奈尔笔记法也称为5R笔记法，可以细分为5个步骤，分别对应到上面的3个栏目中，如下所示：

（1）记录（Record），在主栏尽量多记有意义的内容。

（2）简化（Reduce），将主栏的内容简明扼要地概括在简化栏。

（3）背诵（Recite），把主栏遮住，只用简化栏中的提示回忆课堂知识点或会议内容。

（4）思考（Reflect），与主栏内容区分开，将思考内容写在思考区。

（5）复习（Review），每周花10分钟左右的时间，根据摘要区的索引，先看简化栏，想不起来的时候再结合主栏进行复习。

通过以上5个步骤，可以实现听课开会的内容不间断地记录和复习，达到做笔记的最终目的。

我们还以上文中公司培训的宣传为例，可以使用康奈尔笔记法，如下所示：

康奈尔笔记法	
提示栏： 内容需求 文章要素	笔记栏： 公司内部培训的公众号文章一要抓住用户爽点，二要符合用户需求 文章要主题明确，内容有趣，形式新颖

续表

康奈尔笔记法
摘要栏： 满足员工对于培训的需求，采取生动有趣的撰写方式，可以提高员工的阅读兴趣

【时间管理技巧】

康奈尔笔记法的好处是笔记栏的空间相对较大，方便我们在笔记上留白，这也是经常使用的做笔记的方法。

在笔记栏留白不仅可以使笔记变得易于阅读，而且想要补充提示栏的内容，或者其他人谈到的问题时，可以更加容易填写。

如果可以，在笔记栏的内容可以尽量靠左边写，把右边的位置空出来，这样当摘要栏的空间不足时，可以在笔记栏里做进一步的补充。

自我训练

康奈尔笔记法是一种非常简单实用的笔记法，试着在下面的表格里记录你最近一次开会或者听课的内容吧。

<table>
<tr><th colspan="2">康奈尔笔记法（表39）</th></tr>
<tr><td>提示栏（简化栏）：</td><td>笔记栏（主栏）：</td></tr>
<tr><td colspan="2">摘要栏（思考栏）：</td></tr>
</table>

5.麦肯锡笔记法——“空雨伞”透过现象看本质

在某些做笔记的场合，如果我们不仅需要在笔记中体现事物发生的表象，还需要进一步揭示事物发生的本质，这时就采用麦肯锡笔记法。

麦肯锡笔记法的优势在于可以通过一页笔记同时反映事物发展的三要素：现象、本质和选择。

麦肯锡笔记法采用3种天气现象来代表这3种要素，因此又被称为“空雨伞”笔记法。

现象：天空有乌云。

本质：分析后认为乌云预兆着下雨。

选择：基于事物本质，选择打伞。

从乌云到打伞，这是一个递进的关系，其中乌云是事物发展的现象，而下雨和打伞是事物的本质和选择。

<table>
<tr><th colspan="2">空雨伞笔记法</th></tr>
<tr><td colspan="2">伞</td></tr>
<tr><td>空</td><td>雨</td></tr>
</table>

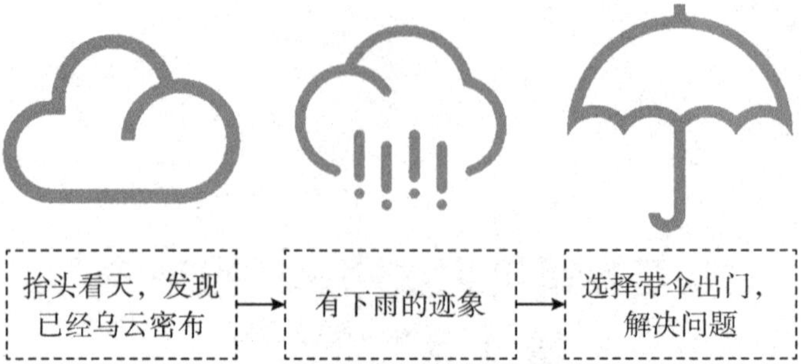

空雨伞笔记法

拿上文中公司培训的例子来说，培训结束后，大家的反馈不甚理想，普遍反映培训内容过于艰涩，这种情况就属于“空”的部分。

员工培训反馈不佳，普遍反映内容过难，而且新员工较多，培训气氛比较沉闷无趣，则属于“雨”的部分。

为了解决这个问题，完善培训课件，减少单次培训的内容。适当进行暖场，用案例和故事活跃气氛，则属于“伞”的部分。

空雨伞笔记的形式如下所示：

空雨伞笔记法	
完善培训课件，减少单次培训的内容。适当进行暖场，用案例和故事活跃气氛	
培训结束后，大家的反馈不甚理想，普遍反映培训内容过于艰涩	员工培训反馈不佳，普遍反映内容过难，而且新员工较多，培训气氛比较沉闷无趣

【时间管理技巧】

空雨伞笔记法非常适合书籍阅读、思维梳理、工作规划流程等场景，它其中的3个要素“空、雨、伞”既反映了事物发展的现象、本质和选择，也分别对应3种信息：记述信息、评价信息和规范信息。

通过记述客观事实的信息，知道事物是“怎么样”的，再通过对记述信息的分析和判断，得到“怎么看”的结论。而最后一步规范信息就是基于前两者得出“怎么办”的对策。

空雨伞笔记法的逻辑非常简单清晰，这就是麦肯锡的咨询顾问在开展工作前要用“空雨伞”进行思考的原因之一。

自我训练

麦肯锡笔记法适用于培养解决问题的本质选择，如果遇到比较棘手的问题，需要一针见血揭露本质，不妨试试麦肯锡笔记法吧。

空雨伞笔记法（表40）	
伞	
空	雨

6.六色笔记法——笔记中的六大要素

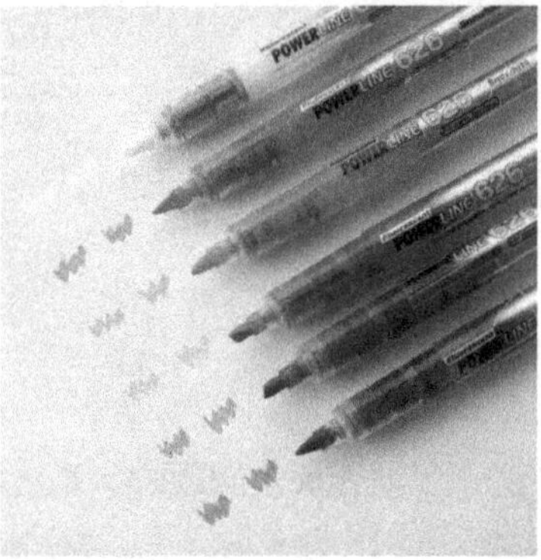

六色笔记法最早来自日本学者石川秀树的《6色荧光笔学习法》，初衷是帮助读者理解经济学原理，后来被广泛应用于学习方法和笔记整理。

在该书中，石川秀树用6种不同的颜色分别标注定义、假设、分析、结论、优点、缺陷这6个要素。

（1）定义：粉色。

（2）假设：蓝色。

（3）分析：黄色。

（4）结论：橘色。

（5）优势：绿色。

（6）缺陷：紫色。

大部分人学生时代就会在书本上用各种荧光笔做标记，因此很容易理解六色笔记法的高效性。这种方法更像一种不用抄写的思维导图，利用不同颜色的线条重构课本知识内容。

比如，我们用六色笔记法给下面这篇文章做笔记，是这样的：

“目前理论界对语言产业的定义还没有清晰地提出来，语言产业的研究少之又少，但这一问题十分重要。笔者认为，语言产业是这样一种生产和服务活动，它主要采取市场化的经营方式生产语言类产品或语言服务，满足国家或个人对各种语言类产品或语言服务多层次的需求。从微观上讲，各种语言类产品能够提高个人语言技能，增加个人人力资本，满足个人多层次的经济需求。从宏观上讲，各类语言产业的形成和发展可以有效推动一个国家或地区的经济增长。比如，据格林统计，英国就凭借着强大的英语产业，源源不断地从各国获益，每年可以从中获得约100亿欧元的净利。如果考虑投资方面的优势，英语国家每年可以获得170亿至180亿欧元的收益。

语言产业外延很广，大体包括语言推广（语言传播）、语言教育培训、语言翻译、语言康复（听障）、品牌命名、计算机语言，以及对于以上语言服务支撑的技术产业（例如，语言文字的信息化处理技术）。各国或地区的具体情况不同，也会出现具有本民族或者区域特色的语言产业。”

为了方便大家理解，采用表格的形式，如下所示：

六色笔记法			
1	缺陷	紫色	目前理论界对语言产业的定义还没有清晰地提出来，语言产业的研究少之又少，但这一问题十分重要。
2	定义	粉色	语言产业是这样一种生产和服务活动，它主要采取市场化的经营方式生产语言类产品或语言服务，满足国家或个人对各种语言类产品或语言服务多层次的需求。从微观上讲，各种语言类产品能够提高个人语言技能，增加个人人力资本，满足个人多层次的经济需求。从宏观上讲，各类语言产业的形成和发展可以有效推动一个国家或地区的经济增长。
3	分析	黄色	比如，据格林统计，英国就凭借着强大的英语产业，源源不断地从各国获益，每年可以从中获得约100亿欧元的净利。如果考虑投资方面的优势，英语国家每年可以获得170亿欧元至180亿欧元的收益。
4	结论	橘色	语言产业外延很广，大体包括语言推广（语言传播）、语言教育培训、语言翻译、语言康复（听障）、品牌命名、计算机语言，以及对于以上语言服务支撑的技术产业（例如，语言文字的信息化处理技术）。各国或地区的具体情况不同，也会出现具有本民族或者区域特色的语言产业。

通过颜色的划分来熟悉书本，这种思考模式可以避免漫无目的的阅读。在快速阅读之后，就会对全书有个整体印象，对细节部分的理解也有促进作用，可以加深理解细节与细节之间的联系。

在学习阶段，在一本书的不同章节中，由于不同颜色的区分，可以更加熟悉各个章节的特征，了解哪些地方是薄弱环节，有利于制订下一步学习计划。

在复习阶段，六色笔记法也符合遗忘曲线的规律，通过多次复习特定颜色的知识，比如有的知识点主要集中在结论部分，有的知识点主要集中在分析部分，实施有针对性的复习策略，可以增强印象。

在查漏补缺环节，用六色笔记法能避免漏掉知识点，可以尽可能地减少复习死角。

而且，不同的颜色有瞬间被感知的优点，也可以刺激大脑的记忆。

【时间管理技巧】

六色笔记法基本上是直接用于书本，有时也会用于已经整理好的笔记，这时候要注意两点：

（1）在课堂上速记时可以先用铅笔，而不要直接用彩色笔进行涂写。因为课堂上的速记内容有可能不是很准确，如果等下课后再看笔记理解时发现记错意思，就没有办法修改彩色笔迹了。

（2）至于实际使用几种颜色，可以根据自身的不同情况来确定，有的人喜欢直接记忆定义，跳过假设的部分，有的人喜欢优势和缺陷一起对比记忆。六色笔记法只是给大家提供一个标准化的做笔记方法，如果有适合自己的个性化笔记法，也可以根据自身的情况进行调整。

自我训练

六色笔记法更多的时候是在书本上用荧光笔直接做标记。下表可以用于整理单个知识点，或者某一章节的整体结构。

六色笔记法（表41）			
1	定义	粉色	
2	假设	蓝色	
3	分析	黄色	
4	结论	橘色	
5	优势	绿色	
6	缺陷	紫色	

7. “葱鲔火锅式”笔记法——日本料理中诞生的笔记法

如果只使用六色笔记法无法满足阅读学习的需求，那么也可以将“摘抄”和“评价”结合起来，这就是俗称的“葱鲔火锅式”笔记法。

在日本料理中，鲔是金枪鱼的一种。葱鲔火锅就是葱段和金枪鱼火锅，是以葱和金枪鱼为材料烹制的日本特色料理，葱为配菜，而非调料，葱与金枪鱼是同样重要的。

“葱鲔火锅式”读书笔记是将“摘抄”和“评价”作为同样重要的“食材”进行融合的一种读书笔记法。

其中，摘抄是从书中摘抄最重要的内容，可以是句子段落，也可以是其他重要的信息。而评论就是记录当时面对书中内容的所思所想。

那么，如何使用“葱鲔火锅式”笔记法呢？

（1）边读边做标记

在做笔记之前，我们先要明白一本书里有哪些是重点，哪些不是重点，这里可以通过“快速阅读”“精读”和“标记”3个步骤来进行。

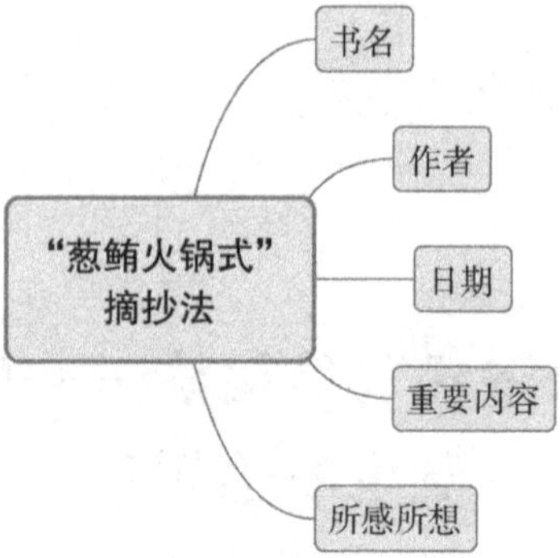

"葱鲔火锅式"摘抄法

首先在快速阅读时，如果觉得哪部分的内容属于重点内容，可以先将那一页上面的角折起来。

其次在精读时，如果觉得这部分仍然是重点内容，就把那一页下面的角也折起来。

最后在阅读上下两角都折起来的几页时，如果还觉得非常重要，这部分内容一般就是重要内容，这时候就可以用笔在书上做笔记了。

（2）摘抄重要内容

经过3遍阅读，整本书的重要内容都在折角的那几页了，这时候就可以将重要内容摘抄下来。

千万别忘了葱与金枪鱼是同样重要的，这时候就可以逐渐完善自己对内容的评价了。

（3）留白思考部分

做完评价之后，可以在觉得重要的部分适当留白，作为日后重读笔记的感悟。

如果要完成一个完整的“葱鲔火锅式”笔记，最好同时记录读书笔记的日期、书名、作者名，日后如果想对照笔记翻阅原著，也会比较方便。

举个例子，比如我们在2020年3月10日读了《资本论》第一卷中的某一节内容，就可以使用“葱鲔火锅式”笔记法做笔记，如下所示：

“葱鲔火锅式”笔记法	
书名：	《资本论》第一卷第二篇《货币转化为资本》，人民出版社
作者：	马克思
日期：	2020年3月10日
重要内容：	作为货币的货币和作为资本的货币的区别，首先只是在于它们具有不同的流通形式。商品流通的形式是W–G–W，商品转化为资本，货币再转化为商品，为买而卖。但除这一形式外，我们还看到具有不同特定的另一形式G–W–G，货币转化为商品，商品再转化为货币，为卖而买。在运动中通过这后一种流通的货币转化为资本，成为资本，而且按照它的使命来说，已经是资本。
所感所想：	在商品流通的循环中，是以商品为开始，又以另一种商品结束，前者进入流通，后者退出流通，商品流通的最终目的是满足消费者的需求，这一点也是商品流通的驱动力。

以上这段文字就是作者给出的“葱鲔火锅式”读书笔记示例，其中重要内容部分就是原文摘抄，不对原文做任何删减，尽量摘录完整内容，保持原汁原味。

所感所想部分则是自已的评论，是对你所摘抄的原文的理解、感悟、思考等，包括感悟或者困惑，都可以写在评论里。

【时间管理技巧】

在书中做标记时，可以用各种不同的符号来区分重要程度，比如，直线表示“重要”“客观重要”的部分；波浪线表示“非常重要”“主观觉得重要”“值得记忆”的部分；圆圈表示“重要名词”“关键词”等内容。

【自我训练】

“葱鲔火锅式”读书笔记是做读书笔记的一种基本形式，可以帮助你汲取书中的知识和内容，在日后重新回顾时，也可以节省回忆书中内容的时间。

在摘抄和评论时，保持内容的原汁原味和思考的所感所想就行，比如看完这一节关于“葱鲔火锅式”读书笔记的内容，试着按照教你的办法，总结一下本节的读书笔记吧。

“葱鲔火锅式”笔记法（表42）	
书名：	
作者：	
日期：	
重要内容：	
所感所想：	

8.提纲笔记法——庖丁解牛的故事中蕴藏的智慧

大家对庖丁解牛的故事并不陌生。庖丁在解牛的过程中，是按照事情发展的规律，并且善于利用这一规律，使所做的事情事半功倍。而学习和做笔记的过程也是如此，只有做到有章可循，才能从纷繁的内容中找到纲要。

这种思想与“思维导图法”有相似之处，但更加强调内容之间的先后顺序和递进关系，类似我们写论文的格式，我们把这种方法称为提纲笔记法。

在实际应用中，也像写论文时的提纲摘要一样，比如我们在一次会议中有3个议题，就可以通过以下步骤来做笔记：

（1）在页面的最左侧开始写议题标题，然后根据分级依次缩进；

（2）使用数字、字母等作为辅助来区分各项内容的上下级关系，比如一、（一）、1、（1）或者字母A、（A）、a、（a）；

（3）运用下划线或颜色笔等方法来标记笔记中的重点内容，帮助回顾和记忆。

提纲笔记法	
一、主题：学习如何使用“提纲笔记法”	
	（一）副标题：提纲笔记法的定义
	1. 内容：提纲笔记法是以提纲的形式记录或整理的读书笔记。其特点是提纲挈领、层次分明
	2. 内容：提纲式笔记有详略之分，视实际需要而定。无论详略，都要保持基本完整的形态，可以重点突出，不可顾此失彼
二、主题：提纲笔记法的具体步骤	
	1. 在页面的最左侧开始写议题标题，然后根据分级依次缩进
	2. 使用数字、字母等作为辅助来区分各项内容的上下级关系，比如一、（一）、1、（1）或字母A、（A）、a、（a）
	3. 运用下划线或颜色笔等方法来标记笔记中的重点内容，帮助回顾和记忆
三、主题	

【时间管理技巧】

提纲笔记法是逻辑性相对较强的笔记方法。在使用提纲笔记法的时候，需要注意的是，提纲是为了方便我们更加有效地管理知识内容，而不是为了形式工整。

所以，有的内容可能看起来不在提纲的框架之内，记下来似乎会浪费时间，但只要是应当记录的内容，哪怕会占用很多的记录时间，也要保证笔记的完整性。

自我训练

不管是开会还是读书，提纲笔记法都是一种能很快抓住重点和分支内容的笔记法。你可以在下面的表格基础上，使用自己习惯的格式和标点尝试更加个性化的笔记方法。

提纲笔记法（表43）		
一、主题		
	（一）副标题	
		1.内容
		2.内容
二、主题		
	1.内容	
	2.内容	
三、主题		

9. 子弹笔记法——天下武功，唯快不破

讲完了提纲笔记法，这一节我们来分享一种特别便捷的笔记方法，它的主体仅由两部分组成：符号+事件描述。由于记录方法快捷简要，又被大家称为“子弹记录法”。

比如，要去采购商品，就简单地记一个“●采购商品”即可，其中“●”表示还没有完成的事项。

和之前介绍的方法不同，子弹记录法类似于便笺笔记，它更加注重跟进事项的完成度，而不适用于学习场景下的回忆思考。

子弹笔记法	
日期：2020年1月10日	
分类	内容
●	完成合同签署
●	完成样品接受
●	完成测试初步部署
x	完成测试人员安排
x	完成会议场所预定
>	项目启动会

续表

子弹笔记法	
日期：2020年1月10日	
>	工作例会
>	小组成员面谈会
○	样品打包发送
○	食品采购
○	朋友生日

在表中，可以用不同的符号代表不同的含义：

●符号：表示未完成、等待处理的事项；

×符号：表示处理完的事项；

>符号：表示推迟的事项；

<符号：表示更改截止时间的事项；

○符号：表示当日应该完成的事项；

–符号：表示备注或思考内容；

★或*符号：表示事项的重要性质；

⊙符号：表示要继续完成的事项；

！符号：表示灵感。

上面的这些符号基本覆盖了所有场景下的子弹记录内容，但根据个人习惯的不同，也可以使用其中几种，或者按照自己的使用习惯进行修改。子弹记录法并不是一种固定的笔记格式，而是一种时间管理的思考方法。

【时间管理技巧】

子弹笔记法不是一种孤立的笔记方法，在积累了一定数量的“子弹”之后，我们可以用“页码”将不同的“子弹”联系在一起。比如，我们在上表中的1月10日有延迟的工作“小组成员面谈会”，那么在1月11日或者12日的子弹笔记中，就可以用“页码”进行快速索引。

子弹笔记法	
日期：2020年1月11日	
分类	内容
●	小组成员面谈会（P1）（1月10日）

在子弹更多的时候，就需要在整本笔记一开始建立目录索引页，把后续每一天的子弹清单都写到目录中，这样就可以清楚地看到每天都做了些什么。

在每日子弹笔记法的基础上，也可以进一步建立每月子弹清单。先在笔记本中列出这个月的所有日期，然后把重要活动写在即将到来的日期上，接着把上个月没有完成的子弹任务都抄写到这个月的子弹清单中，在之后每一天的子弹任务中进行补充和修改。

自我训练

选择自己喜欢的“符号+事件描述”，记录明天的所有事项吧。

子弹笔记法（表44）	
日期：	
分类	内容
●	
●	
●	
x	
x	
>	
>	
>	
○	
○	
○	

第六章

习惯养成
——1 个好习惯胜过 100 个好方法

1.5W2H法——减少日常工作中的分心

在日常工作中，你们最烦的事情是什么？

大概是正在专心致志地忙一件事情，然后突如其来的电话或者微信消息打断了自己的思路，等到忙完电话或微信里的事情，已经失去了一开始的热情和动力。

据数据显示：人们平均8分钟会受到1次干扰，每小时大约受到7次干扰，或者说，每天会受到50—60次干扰。平均每次干扰的时间大约是5分钟，每天共计约4小时。其中，约3小时的打扰是没有意义的或者只具有极低的价值。

这意味着什么？

每天8小时的工作时长里，至少有3个小时的时间会被这种打扰浪费。

这也就解释了为什么感觉自己昨晚休息得不错，但一到下午三四点时就犯困。因为你分心的时间太多了，频繁的任务切换会让你的工作效率大打折扣，每天都在会议、电子邮件、微信群、电话里不断地切换任务，早已耗费大量的精力，剩下的自然只有犯困了。

打个比方，比如你正在聚精会神地做下个季度的规划，老板在微信上要求你去参加财务总监召开的现场会议，要求你明确下个季度的营销费用。如果去参加会议，势必会影响现在的工作进度；如果不去参加会议，又无法推辞老板的要求。

这时候应该怎么办?

我们可以通过很多种办法，减少这种分心的情况，把从指缝中溜走的时间重新抓回来。

（1）随时建立日程表

既然我们避免不了被上述这些事情打扰，那么不如提前建立关于它们的日程表。

这里我们依然可以借助5W2H的思维方法，如下所示：

5W2H思维法		
What	做什么工作?	参加会议
Who	要与谁见面?	财务总监等人
Why	会议的原因和目的是什么?	明确下个季度的营销费用
When	会议的时间是什么时候?	15分钟后
Where	会议的地点在哪里?	会议室
How	会议的形式是怎样的?	现场会议
How much	需要为这次会议做哪些准备?	估算下个季度营销费用，并进行资源争取

这么做的好处在于，不需要浪费他人与自己的时间，再去看邮件或者发微信问别人和会议有关的事情，而是可以将思维自动转换到开会所需要的信息，减少任务切换带来的时间浪费。

（2）实现工作结构化

工作结构化是指尽量让所负责的工作有连续性，保持不同任务之间的相关性，以减少大脑切换任务时造成的效率降低。

比如，本周要安排与供应商的合作洽谈，那么，可以尽可能地将条件接近的供应商安排到一天或者同一时间段，一场接一场地连续召开，这样你就不必在不同条件和目标的供应商之间来回切换任务。这时候，你会发现工作难度降低了，工作效率提高了。

这是由人体本身的运作机制决定的。当你参加体育锻炼的时候，一个动作重复很多次之后，在不打断的情况下可以迅速地做出这个动作。当你将结构化的工作安排在一起的时候，大脑也可以很快地投入工作中。

因此，在规划执行一天的工作任务时，需要尽量减少转换思维的次数，将类似的任务排在一起。

一个简单的方法是把这些任务罗列出来，然后按照相关度和优先级进行整合排序，就不会出现刚做了一会儿任务A，又想去做任务B，做了一会儿任务B，又想到任务A还没做完，这种工作方法会让效率非常低下。

（3）创造不分心环境

如果造成分心的因素主要来自客观环境，那么你就要考虑如何创造一个不分心的环境。

比如，在今天的工作中，一个报告还没写完，先是微信上回复了别人几个问题，然后手机上弹出电商促销，点进去看了看，之后，附近的同事在聊八卦，又参与进去聊了几句，这就快到午餐时间了，朋友来找你商量吃什么，又在外卖软件上看了看。

最后一看时间，中午12点了，那个报告还没写完。

看看上面这些事情，是不是每天都在你身上发生？

像手机弹窗、同事聊天和朋友聚餐这种事情，其实是完全可以避免的。创造一个不被打扰的环境，对于每个职场人来说，也是一种提高工作效率的方法。

（1）关闭手机提示音和弹窗

手机的提示音和弹窗已经成为干扰工作的一大因素，我们可以将手机放在目所能及的地方，当有电话的时候，可以根据实际情况选择接或者不接。这样手机App的推送和微信消息就不会打扰到你了。

（2）主动宣布需要独处时间

与其被动地被各种人和事打扰，不如主动挂出“工作中，请勿打扰”的“公告”，让其他同事知道你目前的工作状态，避免其他人无意识地造成你的分心。

如果有条件，还可以申请一个独立的会议室，这样可以更专注地投入某一件事情，避免分心。

（3）借助工具屏蔽外界干扰

如果没有独立办公室的条件，可以戴上耳塞或者耳机，周围的同事就不容易干扰到你，也不会轻易地引起你的注意。

上面几种都是可以减少分心的方法。当我们需要高度集中注意力完成某一件事情的时候，这几种方法都可以帮助我们提高工作效率。

【时间管理技巧】

在减少分心方面，这里可以介绍一个小窍门，花费约15分钟的时间，避免2个小时的浪费。

每天在开始工作之前，或者结束工作之后，给自己留出约15分钟对自己当天的时间进行一个简单的梳理：

（1）厘清工作思路，计划接下来等待完成的任务；

（2）对照既定目标，思考自己的工作进度，接下来打算推进到哪一步，有什么困难障碍，以及如何克服这些困难障碍；

（3）放空心情，思考因为工作被忽视的事情，或者简单地休息一下。

对于大部分人来说，减少分心是一件很难做到的事情。我们需要通过一定的方式方法，尽量把这些低效的时间重新利用起来，把有限的精力专注到重要的事情上。

自我训练

为了减少分心，创造良好的工作环境，善于利用工具，都是不错的选择。在此基础上，迅速地使用5W2H思维法对工作安排进行整理，是非常重要的步骤。

5W2H思维法（表45）		
What	做什么工作?	
Who	要与谁见面?	
Why	会议的原因和目的是什么?	
When	会议的时间是什么时候?	
Where	会议的地点在哪里?	
How	会议的形式是怎样的?	
How much	需要为这次会议做哪些准备?	

2. 个人精力管理模型——让每一分钟都有价值

在实际生活中，即使我们做到了很少分心，也不得不承认一件事：人的精力是有限的，而且在一天中不同的时间段里表现出的精力水平是不一样的。

这时候，我们就需要对自己每天有限的精力和时间进行科学管理，以便把好钢用在刀刃上。

本节要介绍的个人精力管理模型可以通过对个人的精力周期进行合理分配，提高精力和时间的利用效率，让大家使用有限的精力完成尽可能多的事情。

（1）细分时间，建立精力周期表

由于每个人在一天中不同的时间段里的精力水平是不一样的，所以，我们首先要做的是划分优等、中等、下等的精力时间段，如下所示：

精力周期表		
优等时间	晨起段	7:30—9:00
优等时间	上午段	9:30—12:00
优等时间	下午前段	14:00—16:00
优等时间	下午后段	16:30—18:00
中等时间	晚上前段	18:30—20:30
中等时间	晚上后段	21:00—24:00
下等时间	各个节点前后的半个小时	

（2）赋予数值，计算精力总值表

列出精力周期表之后，接下来要做的是为每个时间段赋予一个数值，这个数值主要参考每个时间段的长短与质量来定。

比如，优等时间的每个小时为2个精力值，中等时间的每个小时为1.5个精力值，下等时间的每个小时为1个精力值，按照这个比例，可以将周期表进化为总值表，精力管理模型不会局限于时间的长短。

精力总值表				
精力质量	**时间段**	**具体时间**	**单位精力值**	**精力总值**
优等时间	晨起段	7:30—9:00	2	3
优等时间	上午段	9:30—12:00	2	5
优等时间	下午前段	14:00—16:00	2	4
优等时间	下午后段	16:30—18:00	2	3
中等时间	晚上前段	18:30—20:30	1.5	3
中等时间	晚上后段	21:00—24:00	1.5	4.5
下等时间	各个节点前后的半个小时		1	6

完成精力总值的计算后，就可以将每天要做的事情安排到不同的时间段和精力值中。

（3）分配精力，为精力总值做减法

上面的精力总值代表每天可以使用的精力，而做每件事都需要消耗一定数值的精力，这需要根据你的历史经验来制定减法的数值。

比如，召开会议需要消耗你很多精力，那么可以将会议消耗的精力值定义为高强度，减去2个精力值；

写方案不需要消耗你太多精力，可以将写方案定义为中强度，减去1个精力值；

还有一些事情，比如健身锻炼可以让你精力充沛，那么可以将健身定义为提升精力，加上1个精力值。

精力消耗表			
工作强度	具体时间	单位消耗精力值	消耗精力总值
高强度		–2	
中强度		–1.5	
低强度		–1	
提高精力		视情况而定	

为精力总值做减法是为了明确自己在一天内可以有多少剩余精力，可以做多少事。

当你用精力总值表里的数值减去精力消耗表中的数值后，如果还有剩余的精力值，那么今天还可以安排其他的事情；如果已经没有剩余精力值，就无法完成更多的工作，如果剩余精力值为负数，那么你还需要减少一些工作。

（4）劳逸结合，发挥精力最大效能

如果发现剩余精力值为负数，那么你就需要及时放松了，让自己从工作的繁忙状态中解脱出来，四处走走，避免长期单一的工作方式带来的身心疲惫。

比如，大部分职场人每天要花费80%以上的时间在工作上，当你发现剩余精力值不足以支持工作时，就要做一些增加精力值的事情，如约同事去茶水间闲聊几句，去楼下的小花园散散步，增加自己的精力值，这样可以让精力总值得到一个平衡。

【时间管理技巧】

在个人精力管理中，有一个经典的理论叫作手表定律（Watch Law），又称为两只手表定律、矛盾选择定律、时钟效应。

手表定律是指一个人有一只表时，可以知道现在是几点钟，当他同时拥有两只手表时，却无法确定时间。两只手表并不能告诉一个人更准确的时间，反而会让看表的人失去对准确时间的信心。

在个人的精力管理中也是这样的，我们可以借助精力管理模型来实现合理分配个人精力，但是当我们有“两只手表”或者“多只手表”的时候，我们应该明确前进的唯一方向，而不被其他手表所干扰，这样才能心无旁骛地向既定目标前进。

很多人在工作和生活中忙得焦头烂额却没有什么成果，一个重要的原因就是同一时期设定了多个目标，而且每个目标都会占据大量的时间。

毕竟人的精力是有限的，多个目标极易导致分心。比如，我们想一边好好工作，一边跑步、学习等，这几件事情都要占据很多精力，就需要分出主次。

如果你把工作排在首位，就不能花同样的精力用于跑步、学习等，否则就本末倒置了，而且你的精力总值也不允许你做这样的事情。

所以在一个时期内只看“一只手表”，制定一个主目标，并将主要的精力放在这个主目标上，将少量的精力放在其他小目标上，这样才能发挥出精力管理模型的最佳作用。

【自我训练】

建立个人精力管理模型是对自己工作状态的进一步了解，不仅关系到时间管理，而且关系到身心健康。试着按照下面的表格，建立适合自己的个人精力管理模型吧。

精力周期表（表46）		
优等时间	晨起段	
优等时间	上午段	
优等时间	下午前段	
优等时间	下午后段	
中等时间	晚上前段	
中等时间	晚上后段	
下等时间	各个节点前后的半个小时	

精力总值表（表47）				
精力质量	时间段	具体时间	单位精力值	精力总值
优等时间	晨起段			
优等时间	上午段			
优等时间	下午前段			
优等时间	下午后段			
中等时间	晚上前段			
中等时间	晚上后段			
下等时间	各个节点前后的半个小时			

3.交替工作法——摆脱工作不开心的窘境

在建立个人精力管理模型的时候，最让我们头疼的大概就是某件事情占用的精力值太多，说得简单点，就是这件事情耗费了我们太多的精力时间，完成它的时候一点都不开心。

这时候应该怎样做呢?

其实很简单，如果做一件事情时陷入了烦躁的状态，可以利用时间交替法，工作一段时间，再休息一会儿，或者交替着做其他事情。

学生时代，我们经常可以看到一些同学在复习的时候，整个晚上都在学某一门学科的知识内容，他们看起来很用功，因为这门学科占用了他们很多的精力值。

但是他们的精神值使用效率非常低下，一直将注意力集中在某一门功课上，大脑已经非常疲惫了，很难找到兴奋点，即使在上面投入更多的精力值，也很难有收获。如果只看1个小时的学科A，再去学习其他知识，就不会有很累、很烦的感觉。

交替进行法就是把不同性质的材料或事物按时间分配，交替进行记忆的方法。这其中主要包括两个步骤：

（1）按时间分配

将消耗精力值不同的事情分配到不同的时间段进行，比如看书学习1个小时，休息10分钟，再继续看书学习1个小时，而不是持续看书2个小时。

交替工作法		
时间	时长（小时）	内容
7:30—9:00	1.5	晨会，梳理当天的工作
9:00—9:20	0.3	休息
9:30—12:00	2.5	完成主要工作
12:00—14:00	2	午饭与休息
14:00—16:00	2	完成主要工作
16:30—18:00	1.5	完成次要工作及收尾工作
18:30—20:30	2	晚饭及休息
21:00—24:00	3	学习及娱乐

（2）交替进行记忆

将内容不同的事情交错进行，由于相同内容的事情刺激脑神经过于单一，长时间刺激同一区域的大脑，会导致大脑相应区域的负担过重，由兴奋状态转为保护性抑制状态。交替进行可以刺激不同区域的大脑，减轻单一刺激造成的抑制状态。

比如，在上图中，如果是周末自由支配的时间，可以进行估算，如下所示：

交替工作法		
时间	时长（小时）	内容
7:30—9:00	1.5	早餐
9:00—9:20	0.3	休息
9:30—12:00	2.5	外出采购
12:00—14:00	2	午饭与休息
14:00—16:00	2	娱乐节目
16:30—18:00	1.5	外出锻炼
18:30—20:30	2	晚饭及休息
21:00—24:00	3	阅读与家务

所以，提高时间利用效率，不能盲目地堆砌时间的长度，否则只能自我感动，却没有太大的收获。

将不同内容的工作事项交替安排在一起，在工作中适时地休息一下，每隔1个小时休息一会儿，使大脑减少对单一区域的刺激，让大脑可以承受每天大量的脑力工作，更加高效地发挥作用。

而不是像有的人，看似十分珍惜时间，每天把所有的时间都投入一件事情，三点一线连轴转，把自己搞得很疲惫，效率还不高；而有的人则是根据大脑工作的规律，合理分配时间，内容交替进行，时间效率高了，自己就不会那么疲惫了。

要想让大脑更加高效地帮我们打点生活中的一切，就必须让它有规律地休息，科学合理地运用交替进行法，提高时间利用效率。

【时间管理技巧】

交替进行工作的一个优点是可以避免帕金森定律的出现。帕金森定律是英国历史学家、政治学家西里尔·诺斯古德·帕金森在他所著的《帕金森定律》（Parkinsons Law）中提出的一个概念，意为：“你有多少时间完成工作，工作就会自动变成需要那么多时间。”

如果你有一整天的时间可以做某项工作，你就会花一天的时间去做。而如果你只有1个小时的时间做这项工作，你就会更迅速有效地在1个小时内做完。

在交替进行工作时，每隔一段时间，就会有一项不同于之前任务的新任务出现，会倒逼你在有限的时间之内完成任务，而不会让你在一项任务里无限制地拖延下去。

自我训练

交替工作法是日常工作中常见的方法，更多时候它是以内化的形式存在于工作中，但也不排除帕金森定律的出现，这时候你可以做一个简单的交替工作时间表来督促自己。

交替工作法（表48）		
时间	时长（小时）	内容

4. 任务委派法——让每个人做最擅长的事

在“习惯养成”这一章，我们前几节主要讲了在精力有限的前提下，如何培养提高时间使用效率的方式方法。除了把个人的时间发挥到极致之外，时间管理还要学会任务委派，也就是及时地把工作委派给他人，让合适的人做合适的事。

如果所有的事情都亲力亲为，一定会把自己搞得筋疲力尽，而且会因为精力不足出现一些工作上的疏漏。

那么，日常工作中的任务委派包括哪些呢？主要是上级对下级的授权或分配任务，以及同级之间的任务分工和协同合作。

在这个过程中，经常会出现推诿扯皮的情况，那么如何避免这种情况的发生，确保任务委派成为提高团队工作效率、节约自己时间的方法呢？

（1）任务委派数字化

出现推诿扯皮的情况，最根本的原因在于责任不清晰、目标不明确、分工不恰当。

将任务委派数字化，可以更快地让所有参与任务执行的人明白任务完成的时间、任务完成的结果要求，避免任务执行者理解的偏差。

比如，在下方的表格中，我们可以规定任务委派的接收时间、完成时间、内容及实际负责人，在交接时明确双方责任，让正确的人去做正确的事，而避免委托者当甩手掌柜，接受者虚与委蛇，逃避责任。

<table>
<tr><th colspan="6">工作任务委派表</th></tr>
<tr><td colspan="6">委托人填写</td></tr>
<tr><td>委托部门</td><td></td><td>申请人</td><td></td><td>日期</td><td></td></tr>
<tr><td>委派事项</td><td></td><td>紧急程度</td><td>□ 紧急 □ 一般</td><td>期望时间</td><td></td></tr>
<tr><td>内容和要求</td><td colspan="5"></td></tr>
<tr><td colspan="6">任务完成后填写</td></tr>
<tr><td>完成时间</td><td colspan="5">□ 提前 □ 按时 □ 延期 □ 未能完成</td></tr>
<tr><td>工作质量</td><td colspan="5">□ 非常满意 □ 满意 □ 一般 □ 不满意</td></tr>
<tr><td>委托部门评价</td><td colspan="5"></td></tr>
<tr><td colspan="6">接收人填写</td></tr>
<tr><td>接收部门</td><td></td><td>任务负责人</td><td></td><td>接收日期</td><td></td></tr>
<tr><td>需要支持</td><td>□ 否
□ 是</td><td>支持提供部门</td><td></td><td>支持负责人</td><td></td></tr>
<tr><td>其他要求</td><td colspan="5"></td></tr>
<tr><td colspan="6">任务完成后填写</td></tr>
<tr><td>工作情况小结</td><td colspan="5"></td></tr>
</table>

（2）阶段性汇报和评价

在委派任务时，要进行阶段性的汇报评价，作为委派者，要主动去要求接受人汇报执行的过程。从而既能掌握他人的工作节奏，也能明确这件事情的工作进度，不至于到最后交差的时候，才发现进度落后。

（3）工作分工与安排

在工作内容的分工和安排上，我们可以借助之前章节的很多方法来处理。

在委派任务时，要将结果的数字化目标和重点、要点做指示。比如，对于大部分任务，我们可能需要执行人用WBS分解的方式，对阶段性目标和完成时间进行规划后，再执行具体事宜。

关于这一点就不赘述了，我们在之前的章节与大家分享了大量目标管理和工作进度的方式方法。

统筹安排任务委派和工作分工，可以减轻我们自身的工作负担，减少工作中可能出现的问题，提高整体的时间利用效率。

【时间管理技巧】

不管是上下级之间的任务委派，还是同级之间的任务委派，都要注意以下几个原则：

（1）不要把任务一股脑儿地委派给他人，而应该委派给他们有能力、有兴趣完成的任务。

（2）明确地告诉执行者任务的内容、完成的时间、完成的效果、完成的交接人。

（3）委派任务后，要进行定期的跟踪与反馈。

（4）不要混淆工作内容的界限，把不属于执行者的工作内容委派给他们。

当一名职场人学会合理地把一些工作委派给其他人时，他就有更多的时间去做更重要的事，而当整个团队的人都可以做自己最擅长的事，不仅时间管理的水平会提高，而且团队管理的能力会更上一层楼。

自我训练

下次如果有需要委派给其他人的任务，记得用工作委派表写明双方的责任义务，以免到截止日期时因责任不清晰导致无法达成目标。

工作任务委派表（表49）					
委托人填写					
委托部门		申请人		日期	
委派事项		紧急程度	□ 紧急 □ 一般	期望时间	
内容和要求					
任务完成后填写					
完成时间	□ 提前 □ 按时 □ 延期 □ 未能完成				
工作质量	□ 非常满意 □ 满意 □ 一般 □ 不满意				
委托部门评价					

续表

<table>
<tr><th colspan="6">工作任务委派表（表49）</th></tr>
<tr><td colspan="6">接收人填写</td></tr>
<tr><td>接收部门</td><td></td><td>任务负责人</td><td></td><td>接收日期</td><td></td></tr>
<tr><td>需要支持</td><td>□ 否 □ 是</td><td>支持提供部门</td><td></td><td>支持负责人</td><td></td></tr>
<tr><td>其他要求</td><td colspan="5"></td></tr>
<tr><td colspan="6">任务完成后填写</td></tr>
<tr><td>工作情况小结</td><td colspan="5"></td></tr>
</table>

5.4D抗干扰时间法——面对干扰也能做时间的掌控者

在“习惯养成”的最后一节，我们来讨论一种大家不乐意见到的情况，那就是面对接踵而来的打扰时，应该培养怎样的时间管理习惯，做好时间的掌控者。

在工作过程中，不断地被打扰，是时间管理和工作效率的大忌。因为每次打扰都会让你花费时间重新找回原来的工作状态，并不断调整自己的工作状态，这本身就是一种对于时间的极大浪费。

但是一般情况下，普通的职场人是没法避免被打扰的，随着工作节奏的不断加快，身处职场的人们之间有太多的工作交集和时间交集，因此很多人都会不自觉地跨越属于自己的时间边界，对他人造成干扰。

因此，面对层出不穷的工作打扰时，我们能做的就是提高逆商，使用科学的时间管理办法，让自己在负面的工作环境中积极地生存下来，成为一个优秀的时间掌控者。

（备注：逆商即Adversity Quotient，简称AQ，全称逆境商数。它是指人们面对逆境时的反应方式，即面对挫折、摆脱困境和超越困难的能力。心理学家认为，一个人事业成功必须具备高智商、高情商和高逆商三个因素。在智商等和别人相差不大的情况下，逆商对一个人的事业成功起着决定性的作用。)

（1）厘清时间冲突的矛盾点

之所以会产生时间干扰，根本在于不同的人的时间安排产生了冲突和矛盾，比如你正在做自己的事情，负责行政的同事不断地在微信群里发布新的办公室卫生要求，负责周报的同事则打电话过来催周报……

就算你很快地处理完这些新任务，你之前正在做的事情也会被打断。

所以你不得不重新找回原有的思路，让自己再次进入工作状态。在这个过程中，负责行政和周报的同事并没有浪费时间，但你的很多时间已经在不知不觉间被浪费了，没准心里还会对其他同事有抱怨，这就是不同人之间的时间矛盾点。

要处理时间干扰的第一步，就是明确和谁的时间安排产生了冲突。

（2）判断事情的优先级

明确和谁的时间安排产生冲突之后，就要判断产生冲突的几件事情之间的优先级了。一般情况下，我们都会把自己的事情调到较高的优先级，但有时候其他人的事情优先级更高。

①让其他人等待

比如，面临上述的情况，负责行政的同事不断地在微信群里发布新的办公室卫生要求，负责周报的同事则打电话过来催周报，这些事情对于你正在做的事情而言，可能不是那么重要，所以完全可以使用合理的说辞，让其他人先等待，当自己手里的事情做完之后，再处理其他人的事情。

②自己快速处理

如果向其他人解释之后，对方还要求你立即进行处理，在这种情况下，应该快速解决对方提出的问题，使干扰降到最低。

③合理委派处理

如果其他的事情优先级不低，但自己没有时间处理，那么想想我们在上一节讲的办法——任务委派。在面临干扰时，可以将干扰事项委派给下属或者平级同事完成，这样也可以降低对自己的干扰。

④删除任务

如果干扰项的任务可以不做，那就删除它，比如去楼下买饮料这种事情。

面对上述这几种情况，都可以用“4D工作法”来指导。

4D工作法		
Delay推后做	这件事必须做，但不是马上就得做，可以告知干扰方计划会在何时处理	比如下个月的工作计划，现在看起来不是那么着急
Do立刻做	必须由你现在马上亲自做，那就立刻做	比如领导要你马上过去做紧急汇报
Delegate 委派任务	判断这件事是不是非要亲自做。如果不是，可以把问题委派给合适的人	比如应该对接给其他团队的工作
Delete 删除任务	发现任务可以不用做，那就删除它	比如下楼散步这种事情

（3）切换工作环境

最后一种情况是其他人要求立即处理他们的事情，而且无法快速处理和委派任务，那么，面临这种无处可躲的干扰，最好的解决办法就是彻底离开自己目前的工作环境，切换到新的工作环境中处理干扰事项。

这样既可以保证自己目前的工作不受影响，又可以在处理完干扰事项回到自己的工作环境时，迅速进入工作状态，不会让干扰事项破坏自己的工作节奏。

（4）以退为进的“暂时逃避”

以上几种都是常见的处理干扰事项的方法，还有一种比较特殊的情况，就是我们本来就在处理一些进展不顺利或者很难完成的任务，希望其他人来“干扰”自己的事情，以便进行思路的切换和休息。

这种以退为进的“暂时逃避”只能在短时间内减轻自己的工作压力，并不是长久之计。在借助这种“干扰”短暂地休息之后，还是要回到原来的工作中，看看有没有新的思路和想法。

【时间管理技巧】

为了减少工作中无法避免的干扰，一个很好的办法就是建立“抗干扰时间”。比如，下午2：00—4：00是你的全职专心工作时段，那么在这个时段内，在这2个小时里，关闭所有的手机App提醒和铃声，关闭所有可能干扰工作的软件和文档，集中精力完成你想要完成的某一件事情，你就会发现工作效率非常高。

或许有人会问，如果真的有急事，找不到人怎么办呢？

在设置抗干扰时间之前，你需要通过一定的方式，通知所有可能干扰你的同事，比如在桌上立个牌子写着“抗干扰时间”，戴上耳机专心工作，或者干脆躲到会议室里两耳不闻窗外事。

为了避免抗干扰时间可能给其他工作带来的不便，最好可以有一个替代的同事在你的抗干扰时间帮你完成一些紧急任务。如果一个小组内同时有多个人需要抗干扰时间，那么这些人的抗干扰时间必须是错开的，而且不能太长，这样即使轮班的人搞不定事情，你也能较为及时地处理这件急事。

自我训练

抗干扰是每个职场人的必修课之一，其关键点就在于厘清时间冲突点之后，进行优先级的排序，再制订抗干扰计划。

4D工作法（表50）		
Delay 推后做	这件事必须做，但不是马上就得做，可以告知干扰方计划会在何时处理	
Do 立刻做	必须由你现在马上亲自做，那就立刻做	
Delegate 委派任务	判断这件事是不是非要亲自做。如果不是，可以把问题委派给合适的人	
Delete 删除任务	发现任务可以不用做，那就删除它	

第七章

高效工作——你离称职的职场人有多远

1. 重要事件列表——千万不能错过的事情

经过前面几章的学习，我们对于任务处理、计划执行、效能管理等方面已经有了一定的理解，这些都是为了更好地管理时间，提高工作效率。

在这一章里，我们来看看想要高效工作，还有哪些事情要注意，这些点在之前的章节中也有提过，在这里做一次归纳总结，帮助大家温故知新。

不管在学习还是工作中，我们所做的一切都要以重要事情为主，这些重要事情可能是上司直接安排的工作，也有可能是拖延了很久没看完的书籍，这些重要事件直接关系到我们个人的成长，因此务必调高它们的优先级。

这时候，我们就需要一个“重要事件清单”来帮助我们。

我们来模拟工作中常见的场景：

客户一直在微信和电话中催问一些项目的细节，你不得不一会儿去调查，一会儿去整理。

同事则把一些和你没太大关系的工作甩给你，导致你个人的事情一直做不完。

老板却对发生的这些一无所知，还在给你分派任务。

……

看看上面这些事情是不是经常出现，无关紧要的事情让我们连续工作8个小时都忙不过来，一到下班后就感觉身体被掏空。

解决这个问题的关键在于：我们需要把所有的精力和时间集中到重要事件的清单上。也就是说，一些事情可以归到重要事件的清单中，我们投入时间去做，而不是太重要的事件，就需要降低它的优先级，或者采取其他方式来解决。

比如上面这几件事情：

客户一直在催问项目的细节，而你手头的项目决定着部门收入和个人奖金，到底该不该做呢？

同事把一些和你没多大关系的工作甩给你。如果你不做，可能会影响同事关系，但不会给自己的事业带来任何助益，到底该不该做呢？

老板在你的职责之外，给你分派一些杂活，没有什么技术含量，到底该不该做呢？

如何判断哪些事情该做，哪些是重要事件，一般可以从以下3个方面来评估：

（1）专业技能：帮助自己在职场立足，在社会生存；

（2）物质收入：这一点就不必赘述了；

（3）性格修养：帮助自己更好地与家人朋友相处。

首先，从一个职场人的角度来看，大部分人在乎的是专业技能的提升，只有不断把时间和精力用于提升自己的专业技能，才能帮公司获得相应的价值，让自己在工作中获得成长，进而获得在职场立足的根本。

可能有些人觉得工作已经让自己筋疲力尽，根本没时间学习。

这就是重要事件清单的作用，不管工作有多忙，一定要把个人的技能提升放在第一位，先投入时间在个人的专业技能提升上，把无关紧要事情放在后面处理。

其次，把物质收入放在第二位，可能有的人会觉得俗气，但在职场工作，除了提升自己，就是为了获得与自己价值相匹配的收入，保障自己和家人的生活质量，这也是工作的主要目的。

如果每天只是忙忙碌碌，却连稳定的收入都没有，何必研究时间管理呢？

最后，修养是一个人长久发展的必要前提。

在职场中，同事没必要忍受你的坏脾气，如果没有好的修养，其他同事可能就不会配合你的工作或者委派，时间管理和效率管理也就成了一句空话。

在生活中，提升个人修养是时间管理和自我管理的一部分，通过管理自我修养获得内心的平静和满足。

具体执行起来，可以将以上3点进行列表分析，如下所示：

重要事件列表	
专业技能	1. 学习工作流程、现场设备和原型图纸等
	2.
	3.
	……
物质收入	1. 季度绩效得A
	2. 在目前薪水的基础上提高20%
	3.
	……
性格修养	1. 阅读讲话艺术、自我提升类书籍，提高自我修养
	2.
	3.
	……

以上是适用于大部分情况的重要事件清单，具体的内容可以根据每个人的不同情况做更多的完善。

如果按照这个清单来看，刚才那些事情是否该做，就能一目了然。

客户一直在催问项目的细节，而这个项目决定着部门收入和个人奖金，既属于专业技能方面的事情，又属于物质收入方面的事情，所以肯定属于重要事情列表。

同事把一些和你没太大关系的工作甩给你。如果不做，可能会影响同事关系，但不会提高专业技能，也不会提高物质收入，可能还会影响自己的心情，那就不属于重要事情列表，可以果断地推辞。

老板在你的职责之外，给你分派一些杂活，没有什么技术含量，无法提高专业技能，但不知道会不会因为你不做这件事情而影响绩效评定。这时候，就要合理安排自己的时间，向老板说明自己会忙完手里关系公司收入的项目之后，再去完成他布置的任务，相信老板也会理解你的时间安排。

无论是生活还是工作，认真地列出你的重要事件清单，立刻执行重要的事情，稍后处理不重要的事件，不浪费工作效率最高的时间段。

【时间管理技巧】

在本书的第一章，我们就提过二八法则的重要性。二八法则又称帕累托法则、帕累托定律，它是指一般情形下，产出或报酬是由少数的原因、投入和努力所产生的，也就是说结果、产出或报酬的80%取决于20%的原因、投入和努力。

例如，让你取得80%进步的因素往往是由你20%的时间决定的，因此你需要准确洞察这重要的20%，把时间和精力投入最有价值的部分，对重要的事情注入兴趣，比如为了获得身体健康，每天需要投入1—2个小时去锻炼，那么这1—2个小时就决定了你能否有健康的体魄。

所以在时间管理的过程中，一定要避免随波逐流，要把有限的精力聚集到重要的事情上，否则不但会浪费自己的时间，还会和同龄人产生更大的差距。

自我训练

如果你对重要事件的顺序还没有概念，可以参考上述3点先简单地梳理一下。

重要事件列表（表51）	
专业技能	1.
	2.
	3.
	……
物质收入	1.
	2.
	3.
	……
性格修养	1.
	2.
	3.
	……

2. 7-2-1时间分配法——为小任务设定最后期限

在上一节中，我们讲了重要事件的重要性。在职场中，除了重要事件，还有一类值得我们重点关注的事情，那就是细节和小事。

很多时候，我们把主要的精力放在重要事件上，而忽视了细节的跟进，而这些细节往往会决定一个任务的成败。

老子曾说："天下难事，必作于易；天下大事，必作于细。"

这句话言简意赅地说明了职场小事的重要性。所有的工作都是由细节构成的，随着职场分工越来越细，势必会对任务的细化程度提出更高的要求。谁能在细节中胜出，就能在专业化的职场中胜出。

那么，对于工作中层出不穷的小事，我们应该如何处理呢？

（1）务必把小事放在心上

如果不把小任务放在心上，到deadline（最后期限）之前才着手去做，那么势必会导致返工或者任务失败，浪费更多的时间。

如果实在记不住这么多的小事，我们在第五章中介绍了子弹笔记法等记录小事的方法，都可以提醒我们在最后期限之前完成这些小任务。

（2）确认小任务的每个细节

很多职场新人在面临小任务的时候，都会觉得自己大材小用，在粗心地完成任务后，才发现其中的细节没有执行到位。

越是小的任务，越容易影响别人对你的影响，如果连所谓的小任务都做不了，老板自然不会将重要的事情交给你办。

（3）7-2-1时间分配法

一旦确定了任务的细节和最后期限，可以按照7-2-1时间分配法来执行任务。

比如，一个小任务大概需要1个小时完成，那么需要把这1个小时分成3部分，70%的时间按照自己的理解完成任务，20%的时间与上司、同事沟通，最后10%的时间进行查漏补缺和修改。

7-2-1时间分配法		
时间比例	内容	是否完成
70%		
20%		
10%		

一般情况下，按照这样的时间分配完成小任务，可以确保没有细节遗漏，也可以尽量避免帕金森定律的出现。

（4）没有最后期限也要明确方案

最坏的情况就是没有最后期限。布置任务或者委派任务的人觉得这样的小任务不需要设置最后期限，所以交到你手里的时候只有一个大致的目标，没有最后期限，没有细节，也没有Roadmap。

（备注：Roadmap即路线图，是一种策略计划，定义了一些目标或者期望的结果，包括一些主要动作和里程碑。）

此时，就算暂时没有办法确定最后期限，也要尽快确定方案，可能不同的方案所需要的资源、时间和人员都不同。在没有确定最后期限之前，可以先梳理出几种方案，然后按照方案内容协调人员、制定最后期限。

如果没有最后期限就摸着石头过河，走一步看一步，那么等到上司突然给你定一个最后期限，就会把自己置于尴尬的境地。

【时间管理技巧】

最后期限听起来很简单，但这样一个简单的工作概念，其实有很多可以挖掘的亮点，我们来简单地讨论几点关于最后期限的时间管理技巧。

（1）不仅要有最后期限，还要有starting point（起点）

很多人把注意力只放在最后期限上，而忽视了起点。其实起点也是一个非常重要的时间点。

最后期限关注某个时间点必须完成任务，而起点关注某个时间点必须开始任务。不管多困难的任务，一旦到了起点，就必须着手去做，避免任务拖延和时间浪费。

（2）不止有一个最后期限，可以有多个最后期限

通常，我们接到任务的时候，只有一个最后期限，即整个大任务必须什么时候完成。

但在实际操作中，我们可以将大任务进行分解，给分解后的每

个小任务都设定一个单独的最后期限，这样在完成整个大的最后期限之前，我们会像接力跑一样完成很多个小的最后期限，一方面可以降低大任务的完成难度，另一方面也可以在每个小的最后期限中更加细致地管理时间。

（3）最后期限是督促，也是激励

最后期限作为督促我们完成任务的一种机制，也可以成为激励我们完成任务的一种奖励。个人在最后期限完成任务之后可以放松一下，团队在最后期限内完成任务可以组织一次团建，这些都会成为根据最后期限管理时间的动力。

自我训练

下次遇到小任务无法分配时间的时候，试试7-2-1时间分配法吧！

7-2-1时间分配法（表52）

时间比例	内容	是否完成
70%		
20%		
10%		

3. 每日放松计划表——切换思维模式提高工作效率

上面两节讲了我们为了完成任务所要付出的努力。接下来的两节，我们从“忙里偷闲”的角度出发，看看在紧张的时间中，有哪些时候是可以放松或者“偷懒”的。

说到“忙里偷闲”，大家可能觉得是一个伪命题，毕竟每天我们都在为了完成各种任务和指标而忙得焦头烂额，基本上没有什么机会去放松。

但即使在百忙之中，每天也要留出一定的时间放松自己，不仅可以让我们疲惫的身心得到片刻的休憩，而且在休息之后，工作效率也会得到一定程度的提高。

作为一个成熟的职场人，放松也是时间管理的一部分。工作和休闲并不冲突，反而是相辅相成的两部分。

那么，应该如何制定属于自己的放松计划表呢?

下面简单地分享每天工作前后和工作间隙可以用于放松的时刻，如下所示：

放松计划表		
序号	时间	内容
1	8:00	给背包减负
2	8:15	走1000步
3	8:45	听听音乐，放松身心
4	9:30	站起来走一走
5	10:30	去接杯温水喝
6	14:00	看一看窗外
7	18:00	出去散散步
8	20:00	看电影
9	21:00	洗热水澡
10	22:00	睡觉

（1）8:00给背包减负

很多人去上班都是匆匆忙忙拿起背包就往外走，会检查背包里少了什么，但很少会检查背包里多了什么。久而久之，背包就成了一个杂货铺，纸巾、U盘、充电宝、过期票据……每天早上把背包里不需要的东西扔掉，就像扔掉不必要的工作负担，可以给一天的工作带来好心情。

（2）8:15走1000步

在去公司的路上，走1000步左右是比较合适的，不会太累，也可以有足够的时间让你的身体活动起来。

如果经常保持这种状态，每天早上都可以走1000步。坚持1年之后，每天走的1000步，不仅会让上午的工作效率提高，而且会让身心更加健康。

（3）8:45听听音乐，放松身心

不管你是自己开车还是坐公交、地铁上班，听几首喜欢的歌曲，也是一种放松的方式。舒缓的音乐可以让你放松紧张的情绪，热情的音乐可以让你的大脑兴奋起来，根据每个人喜欢的音乐类型，几首歌曲就能让你的心情愉悦起来。

如果你的工作环境允许工作的时候听音乐，那么你也可以在不影响工作的情况下，边听音乐边工作，可能会使工作效率更高。

（4）9:30站起来走一走

事先设置好你的手机闹钟，在早上9：30的时候，提醒自己暂时放下工作，站起来走一走，活动一下自己的脖子、肩膀和后背。这样做不仅能预防颈椎病，还能让你的头脑更加清醒，提高接下来的工作效率。

工作间隙站起来走一走，不仅不会耽误正事，而且会让紧张的思维暂时得到缓解，在问题之外看问题，可能会有不一样的解决问题的方法。

（5）10:30去接杯温水喝

在不耽误工作的前提下，去给自己接杯水喝。在这个过程中，还可以左右转动一下自己的颈部和腰部，让自己僵硬的小腿重新活动起来，从工位到饮水机的距离虽然不长，但会让你紧绷的那根弦稍微舒缓一下，让你感觉自己不是沉迷工作的机器。

（6）14:00看一看窗外

经过一个上午的工作，思维反应已经开始变得迟缓，如果继续强迫自己工作，效率也不高。

与其在工位上浪费时间，不如让自己暂停一下，远眺窗外，不仅可以放松紧张的视觉神经，还可以短暂地放空一下心情，从而降低上午工作带来的压力。

（7）18:00出去散散步

如果有可能，尽量在下班前完成当天所有的工作计划，毕竟谁也不想回到家中还为工作忙碌。

然后可以在下班之前出去散散步，放松一下自己的身体和心灵。如果下午6点的时候还有很多事情要忙，那就趁着晚饭的时间，用10分钟的时间走一走。不要等到睡觉之前才想起要锻炼或者夜跑，太过激烈的运动会让神经兴奋，反而难以入眠。

（8）20:00看电影

下班之后的放松方式其实很悠闲。除了日常的锻炼之外，看电影或者综艺节目成为很多职场人常用的放松方式。不管是去电影院还是在家，欣赏电影剧情，欣赏演员演技，享受一个人进入电影的世界，可以暂时忘却工作带来的诸多压力。

（9）21:00洗热水澡

洗热水澡是一种不错的放松方式，除了热水本身能缓解肌肉疲劳和酸胀的感觉，还可以让人回到放松的状态。

在这种放松的状态下，不管是思考工作上的事情，还是思考自己的事情，都会有不一样的体验，而且第二天也会有容光焕发的精神状态。

（10）22:00睡觉

按时睡觉听起来很简单，但在现代社会中，每天睡足7个小时似乎是一种奢望。

如果工作太忙，没有办法做到每天晚上按时睡觉，那么第二天最好在中午小憩一会儿，哪怕只有一刻钟，也会重新获得工作精力。

千万不要让自己陷入忙得团团转的境地，不但完全没有时间思考个人的成长，工作效率也会大打折扣。

对于现代职场人而言，放松也是一种工作技能，对自己负责，对时间负责。

【时间管理技巧】

如果确实没有完全用于放松的时间，也可以多和同事聊聊天，当信息量庞大到不想处理的时候，可以使用“费曼技巧”和同事倾诉烦恼。

费曼技巧包括4个核心步骤：

（1）选择一个概念

比如，你正在为A项目发愁，不妨选择A项目作为聊天的内容。

（2）讲述这个概念

既然是聊天，和同事聊A项目时，一方面可以加深你的理解，另一方面也可以让同事提提建议。

（3）查漏补缺

当你发现在聊天过程中出现前后矛盾或者无法解释的情况时，就需要你去认真地研究这些情况了。

（4）简化语言

最后一个过程不用体现在聊天过程中。简化语言是自我提升的过程。

当聊天也可以成为学习的一种手段时，你的工作就可以达到事半功倍的效果。

自我训练

上面提到的10种放松计划并非适用于所有人，但在这几个时间点前后，定好手机闹钟或者提醒，按照自己喜欢的方式进行放松，切换思维，也可以帮助提高工作效率。

你喜欢在哪些时间点进行思维放松，试着设计一个属于自己的每日放松计划表吧。

放松计划表（表53）		
序号	时间	内容
1		
2		
3		
4		
5		
6		
7		
8		
9		
10		

4.禁止清单——马上停止拖累工作效率的事

除了每日放松计划表，还有禁止做某些事情的清单表格，也就是禁止清单。

禁止清单，就是列出工作生活中那些需要立刻停止的事项，不论是在什么场景下，都不做清单中的事情。

禁止清单看起来特别简单，但往往不被时间管理者所重视。我们花费了很多时间制订学习目标和计划，是为了在有限的时间完成更多的关键事项。

一旦其他事情侵占了这部分时间，势必会影响关键事项的进度，所以，在To do list清单之外，我们还需要这样一个禁止清单。当在实际工作中出现与预期不符的情况时，可以及时鉴别哪些事情是不用做的。

例如，在生活中，我们会遇到共事的朋友和同事，如果对方的品德或者人格出现问题，那么毋庸置疑，这个人无法成为自己的朋友，会成为禁止名单中的一员。

在工作中，如果某件事情总会拖累自己的工作效率，比如中午的时候总喜欢玩手机游戏，导致下午哈欠连天，那么这种行为也应该列入禁止清单。

这就是禁止清单对于我们的意义。

不管是生活还是工作，很少出现雪崩似的衰败和退步，所以不能寄希望于出现非常明确的信号来提示你哪些事情不能做。即使出现了这种明确的信号，届时可能已经造成无法挽回的损失。

所以我们要通过禁止清单来明确拖累工作效率的指标，什么事情与这些指标息息相关，那么这些事情就会被列在禁止清单上。

我们在第一章学习待办事项清单时，首先要问自己的是这件事情对于达成你的目标是否有帮助。如果答案是肯定的，就把它记在待办事项清单上；如果答案是否定的，就应该降低这件事情的优先级，或者委派给其他人来完成。

同样地，在制定禁止清单时，首先要问自己的是这件事情是否浪费了自己的时间。如果答案是肯定的，就可以先把它列在禁止清单上，之后就不用想这些事情了。

比如你最近感觉投入工作中的时间太少，总是没法在下班的时候完成工作，所以要把工作带回家来做，经常很晚才能休息，然后第二天犯困，导致工作效率不高，到下班的时候又有一堆活儿没做完，这样的恶性循环让整个人陷入疲惫的状态。

那么简单地分析一下，最近投入工作中的时间太少，可能有以下几个原因：

早上微信回复消息的时候，总是会不经意地刷一会儿朋友圈。

中午的时候和朋友一起玩手机游戏，没来得及午休。

晚上回家完成工作后，稍微看会儿搞笑视频，就到深夜了。

可以把拖累工作效率的事情罗列在禁止清单上，如下所示：

禁止清单			
序号	内容	是否浪费时间	是否降低效率
1	工作时间刷朋友圈	是	
2	工作时间逛电商网站	是	
3	午休时间玩游戏		是
4	下班之前犯拖延症		是
5	睡前看短视频	是	
……			

可能还有其他与锻炼、饮食相关的禁止清单，把所有影响自己身心状态和工作效率的事情都列在禁止清单上，再下定决心不再做这些事情，是不是整个人都觉得轻松多了？

【时间管理技巧】

在这个信息爆炸的社会，我们无法避免被动接受“垃圾”信息——明星八卦、搞笑视频、游戏竞技……

这些垃圾信息以最小的代价让你体验到爽感，然后耗费你大量的时间。

所以这时候最需要做的就是“断舍离”。

（1）断

可能卸载了一些社交媒体软件之后，你会发现自己可能并不需要关心那么多的明星八卦，毕竟明星的生活离你很远。那些对你的生活无法带来实质性提升的App，不如卸载吧。

多关注真正有价值的事情，抛开那些无关紧要的人与事，你会发现时间管理其实没那么难。

（2）舍

很多人无聊的时候，经常做的事情就是在一堆App里来回切换，这个过程没有任何意义。还有的人下定决心买了跑步机，但是除了买回来那几天的新鲜劲儿，其余时间都用它来挂衣服。

与其让这些许久不用的事情占据自己的思想空间，不如直接丢掉吧。

（3）离

很多人把时间浪费在微信聊天上，产生了“好友满天下”的错觉。但实际上，在人的一生中，能有几个知己实属难得，和所有人相处得很好，其实没有必要。

把时间浪费在无谓的社交上，才是一种隐性的时间欺骗。

自我训练

梳理一下有哪些事情拖累了你的工作效率，把它们整理为一个禁止清单吧！

禁止清单（表54）			
序号	内容	是否浪费时间	是否降低效率
1			
2			
3			
4			
5			
……			

5. 经验复盘表——记录思考每一天的得失

高效工作的最后一个部分就是多复盘，多反思，在经验总结中提高自己的时间管理能力和工作能力。

"复盘"原是围棋术语，本意是对弈者下完一盘棋之后，重新在棋盘上把对弈过程摆一遍，看看哪些地方下得好，哪些地方下得不好，哪些地方可以有不同的甚至更好的下法等。

应用到个人的时间管理和工作管理中，复盘就是指从过去的经验、实际工作中学习，帮助自己有效地总结经验，提升能力，总结哪些时间可以节约，避免浪费时间，实现工作效率的提高。

复盘主要包括三个环节：经历、学习、提升，通过对亲身经历的反思学习，来提升自己对于工作学习的见解认识，从而实现个人工作能力和时间管理能力的提高。

这就和质量管理中"PDCA循环"的理念不谋而合，PDCA是由英语单词Plan（计划）、Do（执行）、Check（检查）和Action（处理）的第一个字母组合而成。PDCA循环就是按照这样的顺序进行管理，并且循环进行下去的科学程序。

在PDCA循环的4个环节中，复盘的行为是在参照Plan（计划）

的基础上，还原Do（执行）的过程，Check（检查）执行的实际结果，对Check（检查）发现的偏差成因进行深入分析，找到根本原因并进行Action（处理）。

对于这4个环节，复盘会要求我们在深入分析行为偏差之后，得到一定的经验教训，作为之后工作和学习的改进建议。

PDCA循环

明白了PDCA循环的原理，我们来详细梳理一下如何按照PDCA循环的逻辑进行复盘。

当手头的一件事情做完了，如果仅仅是归档交差，那么你只是一个普通的职场人，如果你有意识地把任务最开始的预期目标与完成情况进行对比，是不是完成了预期目标，有哪些地方可以改进，通过不断的复盘，就有可能成为一个更加称职的职场人。

经验复盘表		
序号	步骤	内容
1	回顾目标	按照SMART原则回顾目标

续表

经验复盘表		
序号	步骤	内容
（1）	目标明确具体	清楚地说明要达成的目标标准
（2）	目标可衡量	目标应该是明确的，而不是模糊的
（3）	目标可实现	目标应该是能够被执行人所接受的
（4）	目标相关、可控	目标应该是与其他目标高度相关的
（5）	目标有时限	目标是有时间限制的
2	评估结果	回顾实际发生了什么，与预期目标有什么差距
3	分析原因	分析结果为什么和预期不一致，包括超出预期或者未达到预期
（1）	当下原因	问题为什么会发生
（2）	提前原因	为什么没有提前发现
（3）	辅助原因	为什么预防系统没有生效
4	总结经验	确定与预期结果不同的关键原因，找到解决方案
（1）	开始做什么	通过复盘得到了什么经验教训
（2）	继续做什么	在复盘中发现了什么可以继续贯彻的经验方法
（3）	停止做什么	在复盘中发现了什么不当行为

（1）回顾目标

回顾自己最初制定的目标，以及达成目标所付出的努力。

（2）评估结果

评估结果就是回顾实际发生了什么，与预期目标有什么差距。比如，我们这个月打算阅读两本运营知识的书籍，最后只读了不到半本，则这个结果明显是不符合预期目标的。

（3）分析原因

在这个环节，要分析结果为什么和预期不一致，包括超出预期或者未达到预期。

分析原因的方法有很多种，使用头脑风暴法、因果图或者5why分析法都可以帮助我们找到问题的关键原因。

以5why分析法为例，分析原因时，可以从3个层面出发：

①问题为什么会发生？

②为什么没有提前发现？

③为什么预防系统没有生效？

（4）总结经验

确定与预期结果不同的关键原因，找到解决方案，是复盘中最重要的步骤，也可以通过3个层面来实施：

①开始做什么

通过复盘得到了什么经验教训，并打算在之后的工作学习中怎样做。

②继续做什么

在复盘中发现了什么可以继续贯彻的经验方法，之后可以继续用。

③停止做什么

在复盘中发现了什么不当行为，之后不再犯同样的错误。

通过以上几个步骤，就可以进行一次完整的复盘，经常对自己完成的任务和时间管理计划进行复盘，明确自己在任务管理和时间管理中的不足，长此以往，就可能带来极大的收益。

【时间管理技巧】

回顾目标时可以按照SMART原则来进行，其中SMART分别是5个英文单词的首字母缩写。

（S=Specific、M=Measurable、A=Achievable、R=Relevant、T=Time-limited）

（1）目标明确具体（Specific）

目标明确即清楚地说明要达成的目标标准。比如，我们这个月有一个学习目标是“学习运营知识”。这种对目标的描述就很不明确，因为学习运营知识有很多种具体的做法，如看书、看视频、听讲座等，目标明确要求我们具体到使用什么方法，学到什么程度。

（2）目标可衡量（Measurable）

目标可衡量是指目标应该是明确的，而不是模糊的。应该有明确的数据作为衡量达成目标的依据。还是以上面的例子分析，我们这个月学习运营知识的方式如果是看书，就要明确到看多少页书。

（3）目标有挑战但可实现（Achievable）

目标有挑战但可实现是指能够被执行人所接受的目标。如果这个目标本身不切实际，或者超出我们的能力范围，那么目标本身就是没有意义的。

比如，我们本周的工作目标是完成一次大型商会的筹办，但是负责达成这个目标的是一个刚入职的员工，那么这个目标是不具有可实现性的。

（4）目标相关、可控（Relevant）

目标相关是指实现这个目标与其他目标的关联情况。如果实现了这个目标，但与其他的目标不相关，或者相关度很低，那这个目标即使达到了，对于整体工作和复盘也是没有太大意义的。

（5）目标有时限（Time-limited）

目标有时限是指目标是有时间限制的。没有时间限制的目标没有衡量标准，还会引发拖延症。比如，我们在日常工作中，不管是每周例会还是部门会议，都有一定的时间限制，在这个时间限制里，我们需要就所有的会议议题达成结论并进行决策。

自我训练

复盘的4个步骤并不难掌握，很多时候，只是我们无法沉下心来做复盘这件事情。试着以下面的表格为例，复盘你今天的得失问题。

经验复盘表（表55）		
序号	步骤	内容
1	回顾目标	
（1）	目标明确具体	
（2）	目标可衡量	
（3）	目标可实现	
（4）	目标相关、可控	
（5）	目标有时限	
2	评估结果	
3	分析原因	

续表

经验复盘表（表55）		
序号	步骤	内容
（1）	当下原因	
（2）	提前原因	
（3）	辅助原因	
4	总结经验	
（1）	开始做什么	
（2）	继续做什么	
（3）	停止做什么	

第八章

自控训练——容易失控就等于失败

1.邮件分类表——控制回复邮件的心

关于时间管理的最后一章，我们来谈一谈自控管理。保持我们高效工作的，除了时间管理的各种表格，还有每个人的自控能力。

自控是指人们能够自觉地控制自己的情绪和行动，既要善于激励自己去执行任务和决策，也要善于抑制那些不符合既定目的的愿望、动机、行为和情绪。它出现在我们工作和学习的每个场景。当面对数不清的邮件和信息、开不完的会议、想要逃避的应酬时，激励自己高效地解决这些问题，并抑制自己想要偷懒的念头，都是自控能力的表现。

第一节我们先来说一说如何高效地处理那些应该被处理的邮件，把那些垃圾邮件丢进垃圾箱，把邮件带来的焦虑抛到脑后。

不夸张地说，邮件已经成为职场中最考验自控力的事情。有新的邮件提醒，你可能就控制不住要打开邮箱去查看新邮件，即使回复邮件并非紧急任务，但你就是有一种无法控制的冲动，迫不及待地想去回复这封邮件。

这也使邮件降低了你的工作效率。在你“无法控制”地回复邮件时，又会有更多的邮件纷至沓来，那么你本来正在做的工作就会被拖延。

数据显示，每个职场人花费在电子邮件上的时间占据了其一周工作时间的28%，我们将这么多的时间花费在电子邮件的处理上，却没有获得相应的回报。

因此，如何运用好电子邮件，是现代职场人必须解决的一个问题。

先来问一个问题：为什么你会控制不住地想要去回复邮件？

答案很简单，邮箱里那些未读邮件会带来莫名的焦虑感。

第二个问题：为什么邮件会带来焦虑感？

这个问题的答案可能有很多种：邮件太多，没有时间进行处理；邮件没有及时处理，导致同事的催问；邮件提醒太多，看到就很头疼……

可以设想一下，最理想的状态当然是零邮件，即电子邮箱里所有的邮件都已经被处理，我们没有任何焦虑感。但如果我们无法做到这一点，就要控制住自己想要回复邮件的冲动，尽量高效地解决这些邮件，把精力放在关键工作上。

（1）设置查看邮件的固定时间

现在除了电子邮件，我们还可以通过电话、微信等多种方式进行沟通。如果同事有紧急的事情，可以通过电话等方式进行沟通。

既然电子邮件已经不是唯一的沟通方式，那么我们完全可以设置一个查看邮件和消息的固定时间，在这个时间之外不去考虑邮件的事情。

（2）坚决不打开无用邮件

很多职场人会感觉好像每一封邮件都很重要，不看仿佛就会错失什么。如果抱有这种想法，自然就会对邮件产生焦虑感。

其实，我们每个人的邮箱里都会有很多无用的邮件，包括同事发给我们的，也不一定是有用的或者需要处理的。因此，最好进行邮件分类，将与自己无关的邮件隔离起来，将与自己关系不大的邮件按需处理。

例如，我们可以将邮件分为4个类目，如下所示：

邮件分类表		
序号	类目	内容
1	待办	不管是需要马上处理的邮件，还是需要调研之后处理的邮件，只要是和自己密切相关的邮件，都可以先放进这个类目。这也是唯一“有用”的邮件
2	跟进	大多是同事抄送给你的邮件，和你没有具体的关系，或者邮件中的内容无须你来回答，只需要转给相关人员，等相关人员完成之后，再抄送一份给你就行。属于没有太大用处的邮件
3	归档	大多是从上面两类邮件中迭代出来的邮件。没有任何未读邮件，只是为了方便自己查找检索。属于没有用处的邮件
4	垃圾	不用多说，直接删除。属于无用邮件

这样分类完之后，是不是发现和自己相关的有用邮件一下子少了很多？控制住自己什么邮件都想回复的心，才能集中精力干大事。

每周都按照邮件分类表来整理本周积累的邮件数量，也可以更好地了解自己的工作效率，跟进没有完成的工作进度。

（3）善用联系人分组

现在的邮件客户端都提供了联系人分组的功能，为了节省收发邮件的时间，可以按照部门或者公司进行联系人分组，比如“产品部”“市场部”“销售部”等，在发信时一键输入联系人的群组，会大大节约时间，而且能避免给很多关系不大的人员发送邮件。

（4）学会收信，也要学会写信

有时候，我们看完一封邮件，完全不知道重点在哪里，所以不得不重复看几遍，还需要往来几封邮件，才能知道做什么事情。可见，一封不合格的电子邮件，不仅会给别人造成麻烦，还会浪费自己的时间。

而一封好的电子邮件则会一目了然地指明相关人员需要在哪个时间段做什么，这会让双方的工作效率都得到提升。

【时间管理技巧】

写信也是一门艺术，不要在邮件中东拉西扯，而要把内容格式控制在以下3个方面：

（1）目的明确

在写信之前，要明确自己想通过发邮件达到什么目的，希望在什么时间、让什么人、以什么方式、做什么事情，如果对方没有做，会产生什么后果。

作为发送邮件的人，我接下来需要做什么，如果接下来没有做，会产生什么后果。

（2）对象明确

在收件人名单中，也有两种分类。一种是发送邮件后需要对方采取措施的，在你发邮件后，立即跟进；另一种是发送邮件后需要对方协助执行的，在你发邮件后，立即进行询问。

（3）顺序明确

很多时候，我们在往来的邮件中找不到邮件的源头，不清楚最开始是为了解决什么事情。因此，在每次回复和新建邮件时，尽量在原邮件的基础上进行操作。这样，即使邮件被转发、回复了很多次，我们也可以查阅到所有相关人员。

控制住自己回复邮件的心，不仅可以节约时间，提升效率，也可以让自己发出去的邮件获得更有效的反应，使事情得到更有效的发展。

自我训练

打开你的电子邮箱，看看本周有多少“有用”邮件，又有多少“无用”邮件吧。

邮件分类表（表56）

序号	类目	内容	数量
1	待办		
2	跟进		
3	归档		
4	垃圾		

2.电话沟通法则——控制煲不完的电话粥

除了电子邮件，电话可能是另一种让职场人士又爱又恨的工具了。一方面，我们必须借助电话来完成更快捷的沟通；另一方面，电话又会浪费我们太多的工作时间，一旦电话铃声响起，几乎每个人的第一反应都是去接电话，生怕自己错过了重要的信息。

这就解释了为什么接电话比打电话更浪费时间。打电话是主动向对方传输信息，而接电话则是被动接受另一方的信息，会让你的时间被他人控制，似乎一旦接起电话，自己就变成了受控制的一方，这时候，一定要控制住自己打不完的电话。

其实职场中之所以有这么多打不完的电话，主要有以下3个原因：

（1）担心对工作造成影响

当对方打来电话，一般是有要紧的事情需要沟通。因为担心对工作造成影响，潜意识里要求自己必须接电话。

（2）担心对同事关系造成影响

拒接电话可能会让同事心生不悦，这也是职场人士无法拒接电话的一个原因。

（3）享受社交聊天的快感

与对方的任何一个通话都在潜移默化地提升双方的友好关系。为了与对方保持更好的社交关系，打电话成为一种维持社交的方式。

通过审视以上3个原因，你有没有发现，其实除了沟通重要的工作，花费在重要工作上的时间并不用那么久。为了提升时间的使用效率，我们必须控制打不完的电话，减少这种投入和产出不成比例的社交行为。

那么，怎样做才能既不耽误重要信息，又能节省打电话的时间呢？

（1）通话前明确关键信息

在打电话之前，将希望交流的信息列出一个清单，并在打电话的过程中记录这些关键信息。如果没有收到自己想要的信息，要在电话里及时地与对方沟通；如果得到了自己想要的所有信息，就可以准备结束电话。不要在电话中闲扯一些与主题无关的事情，而要尽量让通话内容围绕关键信息展开。

（2）筛选关键信息

我们也可能遇到不善于总结关键信息的人，在通话过程中，尽管你努力地想围绕关键信息展开，但对方总是语焉不详、重复啰唆。这时候，我们需要积极掌握通话的主动权，按照5W2H原则去筛选关键信息。

比如，我们在讨论下个季度的工作计划时，对方迟迟没有发表意见，而是重复工作计划中的内容，那么我们可以这样进行沟通：

电话沟通法则	
What	哪部分是您不同意的？
Why	为什么不同意？您的观点是什么？
How	应该如何修改？有没有具体的建议？
How much	需要修改到什么程度？是大幅度修改，还是细微调整？
Who	由谁来进行修改？还需要咨询谁的意见？
When	什么时间完成修改？下次什么时候进行讨论？
Where	在什么地方进行讨论？是电话会议还是在会议室讨论？

通过这几个问题，我们基本上可以掌握下个季度工作计划的关键信息：对方持什么态度，有什么修改意见……为了避免沟通失误导致的误工、返工，我们可以在这个过程中复述对方的要求，以确保自己听到的关键信息与对方的要求是一致的。

那么这次的电话沟通内容可能会高效很多，如下所示：

电话沟通法则	
What	对方认为下个季度工作计划过慢，会延误生产进度
Why	根据以往的生产经验，推断得到上述结论
How	由于人手减少，可考虑加大招聘力度
How much	根据之前的人员配置，计划增加3—5名工作人员
Who	由人事部门进行招聘，需要和人事部门进一步商议
When	下午与人事部门开会讨论，并计划于下周开展工作
Where	暂时以电话会议的形式进行

（3）减少寒暄，直奔主题

在与同事、熟悉的合作伙伴进行电话沟通时，往往会寒暄几句。这些寒暄可以迅速拉近双方的距离，方便之后的通话。但如果这种寒暄时间过长，就会影响通话效率了。

这时候，需要不着痕迹地从寒暄切入重点，在己方说话的时候，主动将话题转移到重要信息上，对方也就不好意思继续寒暄了。

如果双方确实很久没见面，闲聊的东西有点多，以至于无法从寒暄切入重点，那么就要考验我们的沟通能力了。

比如，我们打算和合作商讨论下个月的计划，但是接通电话后，聊了很久关于年会的内容都没有结束，这时候，我们可以这样说：

“好羡慕你们公司的年会啊！我们公司都好久没开过年会了，这个月一直在加班，忙的就是下个月的工作计划。对了，我之前给你的邮件里提到的那几个问题，你最后是怎么处理的？我还等着向领导汇报呢！”

总之，不要让沟通工作的电话变成无休无止的电话粥，那样会降低我们的工作效率。

【时间管理技巧】

现在的智能手机已经可以帮助我们筛选来电者的电话号码，不仅可以直接过滤一些特定的电话，也可以根据来电者的分组设置不同的铃声和提醒，所以合理地设置个性化的提醒，也是一种通话时间的管理技巧。

如果听到的铃声暂时不是自己想通话的对象，可以暂时不接通电话，等忙完了工作再回复。这样既不会让对方感到你不礼貌，也不会影响自己手头的工作。

打电话也是一门艺术，讲电话内容简单明了，说明你可以控制通话内容。重要的通话时间保持在1分钟左右，长度控制在3分钟之内，说明你可以控制通话时长。

通话完成之后，双方沟通愉快，也知道下一步应该做些什么，说明你可以照顾通话对象的情绪。但一定要避免通话内容偏离重点、啰唆重复，打了半天电话，却没有获得什么关键信息。

自我训练

电话沟通是一项经常用得到的时间管理方法，按照沟通法则可以迅速获得电话的沟通内容，而避免把原本5分钟就可以讲完的事情熬成电话粥。

电话沟通法则（表57）	
What	
Why	
How	
How much	
Who	
When	
Where	

3. 社交应用使用诊断表——控制看不完的社交软件

微信、钉钉等即时通信工具给我们带来的打扰主要集中在近10年。自2011年微信面世以来，虽然为我们实现更高效的生活提供了便利，但也使我们大量的时间因此浪费。

我们在查找资料的时候，会被微信公众号里的各种文章所吸引；

我们在沟通工作的时候，会被微信朋友圈里的精彩生活所吸引；

我们在查看微信钱包的时候，会被各种电商的推广信息所吸引；

一边聊着微信，一边看着微信通讯录里大家都在玩什么游戏；

一会儿打开微信，一会儿关上微信，只是希望看到新的信息；

……

需要明确的一点是，人们不是喜欢社交，而是依赖社交。因为在同类人群中，社交更容易证实自我的意义，和同一个部门的同事沟通工作，可以证明自己工作的意义。

但是当从密密麻麻的微信聊天界面上撤离时，我们难免会感到筋疲力尽。那么对于普通人来说，沉溺在微信中的重度社交是否有必要呢？

答案是否定的。其实我们刷朋友圈的时间可以拿来做很多事情，但我们就是控制不住自己刷朋友圈和回复微信消息的冲动，以致最后沮丧地发现自己没有完成工作，那么面临互联网科技给我们带来的这些困扰，我们应该如何提高自己的自控能力呢？

（1）定时处理即时消息

如果同事和朋友总是使用微信等工具联系你，那么你很容易陷入无休止的闲聊中。

为了避免这种情况的发生，可以在看到即时消息时，仅回复紧急的信息，每隔一段时间，再对未读消息进行统一回复。

而微信等即时通信工具的重度使用者，很少能超过15分钟不使用微信。如果把使用微信的时间做成表格，那么可能会得到非常惊人的数据。

假设你每天清醒的时间为16个小时，如果每10分钟使用一次微信，每天登录微信的次数就将近100次，如果每次使用时间约为3分钟，那么，每天花在微信上的时间就将近300分钟，也就是5个小时。

每天花费5个小时在微信聊天和刷朋友圈上，这听起来是不是很夸张？

如果我们把每天使用微信超过3个小时的人称为社交应用轻度患者，把每天使用微信3—4个小时的人称为社交应用中度患者，把每天使用微信5个小时以上的人称为社交应用重度患者，那么，正在抱怨时间不够用的你属于哪一种？

社交应用使用诊断表 2020年5月11日				
工具名称	登录时间	使用时长	使用内容	是否与工作相关
微信	9:00—11:00	2个小时	沟通工作	是
	11:20—12:20	1个小时	刷朋友圈、公众号	否
	13:00—17:00	3.5个小时	沟通工作	是
		0.5个小时	玩微信游戏	否
	18:00—19:00	1个小时	刷公众号及闲聊	否
	21:00—22:00	1个小时	刷朋友圈、公众号	否
共计	9:00—22:00	9个小时	工作及休闲娱乐	与工作相关5.5个小时
				与工作无关3.5个小时

以上表为例，如果每天在微信上要花费9个小时，那无疑是一名重度社交应用使用者了。

如果在微信上处理工作需要花费5个小时，那么需要反思一下这5个小时的工作效率是不是太低了，是否需要定期处理微信消息，或者改用打电话、当面沟通的方式。

如果在工作之外，在微信上也花费了3.5个小时，那么确实需要做一些改变，比如减少在微信上休闲娱乐的事件。

（2）控制玩手机的时间

智能手机已经成为工作分心的一大杀手。不管你是在做事还是开会，只要拿起来手机，总会有很多App可以点击浏览，这让原本的工作流程受到极大的干扰。

对于职场人而言，我们需要更加严格地规定在工作时间使用手机等智能设备的时间。完成了与工作相关的沟通，就放下手机，避免在工作中浪费时间。

（3）不要总开着浏览器

很多人一上班就习惯性地打开百度等搜索引擎，但很少用搜索引擎搜索和工作相关的内容，反而会被搜索引擎和个性化推荐的很多信息吸引注意力，如果不及时摆脱浏览器带来的诱惑，就很容易沉迷其中的娱乐信息无法自拔。

要记住，浏览器不是你任务清单中的一项，所以不要总开着浏览器。

（4）不用电脑的时候就关掉它

如果这会儿不用电脑，或者是和同事进行短暂的讨论，就把显示屏关掉吧，否则你很容易会被右下角不断弹出的通信信息和邮件提醒分散注意力。

从不断使用电脑的重复操作中逃离出来，等你再回去的时候，就会发现经过短暂的休息，自己的工作思路清晰了不少。

如果你确实需要一直盯着电脑，那就确保打开的界面是和工作密切相关的，而不是一些娱乐八卦和聊天窗口。

（5）休息的时候不看微信

在之前的章节中，我们就强调过工作一段时间之后短暂休息的重要性。但在实际工作中，很多人在休息的时候，不过是换了一种方式玩微信，还是在看公众号或者刷朋友圈。

这样会让你得不到真正的休息，等到休息结束后，依然会有工作疲惫感。

所以，如果真的想让自己放松下来，就站起来走走，或者去接杯水，而不要让自己的大脑一直沉浸在微信营造的工作环境中。

一般人在连续工作半个小时以后，便会产生疲惫感，工作效率会降低，动力也开始渐渐流失。这时是很容易被无益网站吸引的，让自己起身休息一下，做一些其他的事情——至少3分钟。在1个小时里，站起来做几次伸展运动，可以帮助你再次集中注意力。

【时间管理技巧】

如果你不清楚自己在工作时间中到底花费了多少时间在微信上，可以定期回顾一下这些App的使用时间。

现在智能手机都可以提供各种手机应用的使用时间，有多少时间是在刷短视频，有多少时间是在聊微信……如果很多和工作无关的应用占用了太多时间，就需要控制一下自己玩手机的时间了。

其实微信、钉钉、浏览器等互联网工具都是为我们工作方便而诞生的，但我们常常沉溺其中，浪费了很多时间。如果想更好地使用这些工具，不妨在打开它们之前，就想好要做哪些事情，处理完了就关掉它们。等到放松娱乐的时候，再用专门的时间刷朋友圈和短视频，免得想玩的时候没有完成工作。

控制住自己打开微信和钉钉的心，也是有效时间管理的一种方式。

自我训练

只有明确自己属于哪一种程度的社交应用使用者，才能更好地对症下药，把自己从无用的社交软件中拯救出来。

社交应用使用诊断表（表58）

工具名称	登录时间	使用时长	使用内容	是否与工作相关
微信/钉钉				
共计				与工作相关时长 个小时
				与工作无关时长 个小时

4.会议时间管理表——控制开不完的会议

让职场人头疼不已的还有从早到晚大大小小的会议。看看你的待办事项中，接下来的工作清单是否被一个个无关紧要的会议所占据？是否感觉你参与的会议总是拖延很久而无法做出决议？

如果你1/4以上的工作时间是在会议室里度过的，那么你就要控制一下这些开不完的会议了。

（1）将必要的会谈都安排在效率最高的时候

首先必须承认，每个人的职场中都少不了各种各样的会议。面对这些必要的会议沟通，我们唯一可以做的改进，就是将其安排在自己效率最高的时候进行。

通过之前的时间记录和工作习惯，你可能会发现在某一时间段内工作效率比较高，可能是早上10点，也可能是下午3点。在工作效率最高的时候召开必要的会议，会让自己和参会者都不那么疲惫，高效率地解决问题和制定决策后，就可以各自回去做自己的事情，而不用在会议室里耗时间。

（2）主持人、调度人和记录人各司其职

很多会议浪费时间的原因是大家要花费太多时间说明前提，讨论时间又不受把控，最后决策没人拍板，导致会议成了各路人马诉苦的场合。

一个标准的会议中包括3个角色：主持人、调度人和记录人。

其中，主持人负责宣布会议开始、提出会议议题、把握会议时间、执行会议制度、总结会议内容。

调度人负责把握和紧扣整个会议主题，以防在讨论的过程中跑题，并指定发言人、拍板人和执行人。

记录人负责准确记录会议的要点，撰写并发放会议纪要，以便在会后做出客观的总结。

这3个角色各司其职，当会议时间和内容超出把控范围时，都要起到相应的监督作用，这样会议就不会不受控制了。

（3）减少会议次数与时长

会议并不适合解决所有的问题，如果没有必要开会讨论，应避免采取会议的方式解决。

如果一定要开会解决问题，也要在规定的时间内结束会议并解决问题，避免无时间限制的会议拖延。

如果在会议上一时无法得出结论，可以暂且记录下来，留到会后再找时间设法解决，以免会议毫无意义地继续开下去。

（4）无关人员不是必须参加

之所以出现会议连续不断的情况，还有可能是因为参加了不用参加的会议。有时候会议组织者只是为了防止遗漏参会人员，而将你列在参会人员中。但到了会场之后，你可能发现和自己没什么关系，那就完全没有必要停留在会场。等会议结束后，要求会议记录人发一份会议纪要给自己就可以了。

（5）请参会人提前整理好关键信息

在开会讨论问题时，还有一种造成时间拖沓的原因，就是没有提前准备好参会信息，虽然对事情有一定的了解，但当场叙述细节的时候，会发现有很多不清楚的问题出现。

因此，在参加会议讨论之前，需要参会人提前整理好要点，比如出现问题的原因是什么，涉及哪些人和事，用哪些方法可以解决……

这样，在讨论问题的时候，所有人都可以迅速地了解情况，节省大家的时间，而不会让所有人等某个人在会上确认一些细节信息。

基于以上5点，我们可以以例行会议、临时会议、重要会议的分类为基础，初步判断一个会议值得我们投入多少精力。

会议时间管理表格						
序号	时间	会议名称	会议类型	形成决策	参会人员	是否必要
1	9:00—10:00	客户端流量获取	例行会议	客户端流量运营计划	运营组、产品组及市场组	是
2	11:00—12:00	人员招聘会	临时会议	人员招聘说明	运营组、人力部	否
3	15:00—17:00	领导汇报	重要会议	季度工作总结	运营组、领导	是
4	……					
5						

续表

会议时间管理表格						
序号	时间	会议名称	会议类型	形成决策	参会人员	是否必要
6						
7						
8						
9						
10						

在上表中，把重要会议安排在效率最高的时间，并且提前确定好会议地点，在自己不担任主持人、调度人和记录人等角色的情况下，也可以选择不出席一些不必要的会议。这都是为了节约我们的工作时间，将更多的精力投入关键事项，而不是在会议室浪费时间。

【时间管理技巧】

判断是否要参加某个会议，至少应该符合下列条件中的一个。如果一个都不符合，那么这个会议就没必要参加了。

（1）信息交换

如果需要包括你在内的多个部门交换多方面收集的信息，客观全面地了解情况，或者需要得出创造性和批评性的意见，参与会议是有必要的。

（2）整合意见

如果需要整合内部不同的意见，比如不同部门的人员是否同意某个计划决定，或者整合不同人员的观念，形成统一的理解，这时不管作为参与者还是主持者，都有必要参会。

（3）多方协作

如果会议形成的决策涉及多个部门人员，比如决策涉及不同部门的人员，不知道什么人对此负责，或是需要多少人对此负责时，只要其中涉及你的存在，就有必要参会。

自我训练

每个职场人都需要控制会议召开的各个环节，提高会议解决问题的效率，避免会议拖沓、无效的情况出现。

会议时间管理表格（表59）

序号	时间	会议名称	会议类型	形成决策	参会人员	是否必要
1						
2						
3						
4						
5						
6						
7						
8						
9						
10						

5. 应酬五大技巧——控制躲不开的应酬

即使我们平时在职场上的工作效率很高，也躲不开一些应酬的场合。作为职场人士，应酬可能难以避免，但如果应酬过多造成身心疲惫，也是一件让人很头疼的事情。

而且应酬可怕的一点在于，你手上的任务越多，涉及的相关人员就越多，需要参与的无聊应酬也就越多。

不参加这些应酬会让工作上的人际关系不那么融洽，但参加这些应酬又会耽误自己的工作时间，这成为很多职场人矛盾而无奈的烦恼。

如何控制自己参加应酬的时间，更加高效地管理自己的时间呢？我们既要学会推辞应酬，也要学会在应酬中主导局面。

（1）推掉不重要的应酬

在参与很多应酬的时候，我们会发现，其实真正和工作有关的事情，在应酬开始的几分钟就说完了，其余的时间都是和工作不相关的事情。

如果有其他重要事项需要处理，就可以找个借口推辞这样的应酬。

但让我们头疼的是，有时候这种无聊的应酬会有一些重要人员或者潜在客户在场。即使彼此的对话内容再无聊，我们也不得不留在应酬场合，毕竟这些客户关系到接下来的订单能不能拿下，这个年度的绩效考核能不能完成。

但如果是意义不大的休闲应酬，或者之前已经进行了多轮讨论，就没有必要再浪费时间了。

很多人觉得这种朋友和同事间的聚会最好不要拒绝，但倘若去了只是喝酒、吃饭、玩手机等，时间允许的话可以去放松一下，时间紧张的话，就不要浪费在这种事情上了。

（2）尽量不采取面谈应酬

如果你已经意识到应酬带来的烦恼，那么下次当对方邀请你吃饭、聊业务的时候，如果不是必须当面沟通的问题，电子邮件和微信也可以解决。

在中国人的传统观念中，坐下来聚餐讨论业务，既可以增进私下的友谊，又可以促进业务发展，是一举两得的事情，所以在推迟这类不必要的面谈时，也要顾及对方的面子。

（3）集中时间处理应酬事宜

应酬中最疲惫的情况在于：每周5天工作时间，5天都要在下班后应酬。

这样不仅会让自己非常疲惫，而且前一天的应酬往往会耽误总结时间和复盘时间。更让大家苦恼的是，这样的应酬一旦形成习惯，就无法再推辞类似的应酬，于是形成了应酬的恶性循环，每周都要花费大量的时间在各类应酬上。

比如，原来的应酬计划如下所示：

应酬计划			
日期	时间	出席人员	内容
周一	中午	A公司	客户意向沟通
周二	晚上	B公司	项目进度沟通
周三	中午	C公司	日常商务活动
周四	晚上	D公司	客户意向沟通
周五	晚上	E公司	项目进度沟通

可以看到上表中的每一天都要在应酬上花费大量时间。如果时间允许，我们可以将应酬集中到一天或者几天，在这段时间内，我们集中时间把必须参加的应酬处理完毕，既不会耽误应酬上的业务讨论，也能控制自己不养成循环应酬的坏习惯。

应酬计划			
日期	时间	出席人员	内容
周一	中午	A公司	客户意向沟通
周一	晚上	B公司	项目进度沟通
周三	中午	C公司	日常商务活动
周三	晚上	D公司	客户意向沟通
周五	晚上	E公司	项目进度沟通

将应酬集中在一周内的某几天之后，一方面不耽误原有的工作内容，另一方面可以腾出完整的一两天时间来处理其他工作。

（4）占据应酬的主动方

如果躲不开应酬，我们就要在应酬上提高时间利用效率，务必在应酬时间内解决应该解决的问题，避免客套的寒暄和无聊的吹嘘占据太多时间。

比如，要去参加的应酬是讨论下个季度的合作计划，那么在简单的寒暄结束之后，最好可以占据应酬的主动方，主动询问下个季度合作计划的内容，对方想要如何开展，打算在哪个时间节点输出什么工作结果……

成为应酬的主动方，能获得应酬过程的最大成果，需要通过这次应酬获得什么信息，都可以在主动询问和交流的过程中获得最大化。

（5）如果应酬无法避免

关于应酬最差的结果，就是必须亲自参与到应酬的寒暄和闲聊中。这时候，就只能放下时间管理和效能管理了。

不管你想用什么办法，都无法逃离这些应酬和寒暄，那就不如让身心彻底放松下来，不要让别人觉得自己在这次应酬中格格不入，也不要让自己在应酬和工作之间左右为难。

专心地应酬，更加专心地工作，这也是应酬无法避免时最好的办法。

【时间管理技巧】

应酬并没有那么讨厌或可怕，尤其是为了工作的正常应酬，就必须掌握一些关于应酬的时间管理技巧。